名师名校名校长

凝聚名师共识
回应名师关怀
打造名师品牌
培育名师群体

顾明远题字

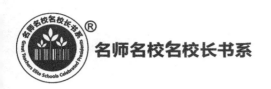

名师名校名校长书系

高中地理
课堂观察的实践

李玉钧 LIYUJUN —— 著 ZHU

西安地图出版社

图书在版编目（CIP）数据

高中地理课堂观察的实践 / 李玉钧著. —— 西安：
西安地图出版社，2019.6
ISBN 978-7-5556-0529-4

Ⅰ.①高… Ⅱ.①李… Ⅲ.①中学地理课—课堂教学
—教学研究—高中 Ⅳ.①G633.552

中国版本图书馆CIP数据核字（2019）第112439号

著作人及著作方式： 李玉钧　著
责任编辑： 杨　芸

书　　名	高中地理课堂观察的实践	
出版发行	西安地图出版社	
地址邮编	西安市友谊东路334号710054	
印　　刷	北京虎彩文化传播有限公司	
开　　本	787mm×1092mm 1/16	
印　　张	11.5	
字　　数	207千字	
版　　次	2022年6月第1版　　2022年6月第1次印刷	
书　　号	ISBN 978-7-5556-0529-4	
定　　价	45.00元	

前　言

　　课堂观察对改善学生课堂学习、促进教师专业发展和形成教研合作等具有重要意义。在2010年参加广东省骨干教师跟岗培训时，广东省正高级教师梁汉强老师就介绍了与传统听课不同的听课、评课方式——课堂观察。2012年立项的韶关市市级课题"高中地理课堂观察的实践研究"（课题编号sgjky12008）于2014年8月结题。为了更进一步地开展研究工作，2013年申报了广东省教育科学研究项目，2014年获批立项（课题编号2013YQJK223）。在原有研究的基础上，总结收获和不足，进一步加强学习以提升理论素养和课堂观察水平。

　　在广东省韶关市教育局教研室教研员李文老师的支持、帮助和指导下，课题组成员（李玉钧、赵广博、林叶水和曹国辉）与校内外高中地理教师积极合作，开展高中地理课堂观察活动。所观察的课堂都是各校精心组织的市级公开课，在开展课堂观察之前，课题组成员与授课教师和李文老师开展讨论，开发适合的课堂观察量表。到2017年结题，共开展高中地理课堂观察活动14次。除此之外，还在初中试行两次，取得了大量研究素材和实践经验，设计出一批观察量表，探索出一些高中地理课堂观察的方法、途径和策略。有近400人次高中教师参与课堂观察活动，使传统的听课、评课方式转变为积极参与的课堂观察，促进了教师的专业成长，进而不断提升高中地理课堂教学的有效性，改善学生的地理学习行为，更好地实现教学目标。

　　通过三名书系相关编辑的精心策划，《高中地理课堂观察的实践》结集出版，本人毫无保留地将所进行的课堂观察积累的一些经验、做法乃至挫折呈现出来，以供同行交流、参考和商榷。

　　本书由五章和三个附录构成。前两章是研究基础和相关理论指导，第三章是开展高中地理课堂观察的基本内容，包括高中地理课堂观察的总体目标和执行情况、开展高中地理课堂观察实践的效果评析、课题研究的基本方法和课题研究的主要成果；第四章是地理课堂观察量表的开发原则、途径和开发设计课堂观察量表的一般流程；第五章是高中地理课堂观察的实践，包括课堂观察开展条件调查与分析、基于"教学目标预设与达成"的地理课堂观察、对"教学目标预设与达成"的地理课堂观察量表的改进使用、开发的地理课堂观察量表、地理课堂观察报告和实践研究结论；附录一是相关研究论文；附录二是有关教研活动；附录三是一些观察量表。

　　六年的努力，虽然取得了一些成绩，但是课堂是如此之复杂，对课堂之观察又是如此之专业，本人自知浅薄，不敢停步！

李玉钧

2019年5月

目　录

第五章　实践研究

附录一　研究论文

附录二　教研活动

附录三　观察量表

1

第一章

研究基础

第一节　高中地理课堂观察的背景

一、课题背景

　　广东省实施新的课程改革快10年了，高中地理课堂教学实施三维目标价值取向已取得初步成效。但仍然存在教师只关注自己的教学，只关注教学任务的完成，很少关注学生在课堂的表现、学生的思维状况、学生的课堂互动质量、学生自主学习的状况等现象。因此，为了改进教学，有效提高学生的学习质量，有必要重视课堂教学的优化和学习方法的研究，实施高中地理课堂观察，探索适用新课标的课堂教学策略，将成为广大教师的一个重要课题。

二、课题研究的目的和价值

　　新的课改实验的内容由第一轮实验以教材教法为主，转向以课堂教学的优化和学习方法的转变为主。课堂观察是教师研究课堂的基本方法，是提升教师专业水平的重要途径。但在目前的地理教学实践中，课堂观察没有得到应有的重视。在高中地理课堂开展课堂观察的实践，具有以下目的和价值。

（一）学术价值

1. 改进课堂教学

　　本课题属于探索性实践研究，主要采用行动研究法，辅以调查分析、比较分析、经验总结等方法，以确保研究成果的真实性和有效性。我们深入教学现象发生与教学规律呈现的课堂之中，合理预设观察重点，设计观察量表，客观真实地呈现课堂的本来面貌，探索并总结课堂教学的一些科学规律，促进高中地理教师改进课堂教学。

2. 探索教师教学方式和学生学习方式的优化

　　在课题研究中，我们将课堂定量分析和定性分析相结合，开发可以客观反映和评价教师有效教学和学生有效学习的课堂观察量表。基于高中地理课堂观察，通过一系列的量化观察，发现并解决教师教学和学生学习高中地理中存在的实际问题，优化教师的教学方法和学生的学习方法，包括教师如何激发学生学习地理的兴趣和方法，如何促进学生地理学习能力（获取地理新知识的能力，处理地理信息的能力，分析和解决具体地理问题的能力，地理表达能力等）的提升方法等。

3. 探索教师专业发展的途径

通过研究，课题组成员开展自我反思和专业对话，发挥各自特长，在相互学习、交流和研究中，提升每一位成员的理论水平和专业素养，促进教师专业发展。

（二）应用价值

1. 研究有利于促进教师专业发展，改进教师的教学方式

作为一种探索性实践研究，本课题在教学实践和教学理论之间架起一座桥梁，为教师开展专业的课堂观察提供了可操作的参考。本研究的开展，可以帮助教师借助团队的力量，在学科专业知识、相关学科知识，如教育学和心理学的知识、教学反思能力等方面，将获得新的发展，逐渐形成和提升认识发现、形成课堂教学问题的能力，解决课堂教学上出现的突发问题的能力等，进而改进教师的教学方式。

2. 开发可操作的高中地理课堂观察量表，改进教师专业的听课、评课

开展课堂观察，首先要开发可操作的适合学情的观察量表，预先对课堂的要素进行解构、分类；然后对在特地时间内出现类似的行为进行记录，所获得的数据、信息尽可能地反映真实的教学环境和课堂活动，确保课堂观察的有效性，准确发现和捕捉学生的课堂生成，评估课堂教学的有效性，使得教学评价重视数据、用事实说话，评课语言量化和质化针对性强，能很好地促进授课教师和参与课堂观察的教师开展专业的听课、评课活动。

三、国内外相关研究现状

（一）国外相关研究现状

国外很早就开始了课堂观察的研究。其中，较为著名的有20世纪50年代贝尔（R.F.Bales）"互动过程分析"的12类行为编码。它主要针对社会小组讨论中的人际交往进行观察研究；20世纪60年代法兰德斯（N.A.Flanders）提出并不断修订的师生言语互动分析系统（FIAC），将师生课堂互动活动分为10个种类，用以分析课堂上师生对话的频次，进而能分析教师的教学态度和教学方式；20世纪90年代霍普金斯（David Hopkins）发表《教师课堂研究指南》。国外目前已经有了很多的研究成果，并已形成了系统的课堂观察研究体系。

国外也很注重课堂观察与学科实践的结合。如20世纪50年代以来，西方语言教学界从社会学和人类学的角度对外语课堂教学、外语课堂教学行为进行了较全面的观察和研究，取得了非常重要的研究成果。这些研究成果对英语课堂观察起到了巨大的推动作用，而地理课堂观察的研究在这一方面则稍显落后。

（二）国内相关研究现状

相比之下，我国对课堂观察的研究，特别是系统的课堂观察研究，就显得相对滞后。从知网查询的与课堂观察相关的文章中，最早的一篇发表于《上海教育》1999年第5期，顾泠沅和周卫的《课堂教学的观察与研究——学会观察》。另外一些代表性著作有陈瑶编著的《课堂观察指导》出版于2004年；陈大伟编写的《怎样观课议课》出版于2006年4月；林高明编写的《课堂观察：顿悟的艺术》出版于2008年9月；沈毅、崔允漷主编的《课堂观察：走向专业的听评课》出版于2008年10月。

我国对地理课堂观察的研究还很少。从2000年至2012年12月，发表在《中学地理教学参考》《地理教学》和《地理教育》等杂志上的有关地理课堂观察的文章只有4篇，直至2008年第12期《地理教学》发表了银川市教育科学研究所王跃华教研员的《对"课堂观察"课例研究方式的几点思考》。该文从教研员的角度阐述了"课堂观察"是一种比较成熟的课例研究方式；2009年5月，福建省厦门市第二中学陈文魁老师在《地理教育》上发表了《基于师生交流的地理课堂观察实践》，开启了一线地理教师课堂观察的实践研究。另外两篇均发表在《中学地理教学参考》，一篇是2011年第7期，由福建省宁德市教师进修学校吴君老师撰写的《地理课堂观察：专业的听评课范式》，一篇是2012年第12期，由江苏省徐州市郭春喜、戴申卫和王公月老师撰写的《传统听评课与课堂观察的差异辨析——以"江苏省高中地理课堂观察观摩活动"为例》，该文比较了传统听评课与课堂观察的差异。由此可见，关于地理课堂观察的研究很少，一线地理教师对课堂观察的研究还停留在较浅的层面，缺少可借鉴的课堂观察实践经验。

第二节　核心概念界定

一、课堂观察

课堂观察源自西方的科学主义思潮，作为一种课堂研究的方法，发展于20世纪五六十年代。课堂观察，顾名思义就是通过观察课堂的运行状况，并对此进行记录、分析和研究，从而进一步在此基础上谋求学生课堂学习的改善，促进教师发展的专业行动。作为专业活动的观察，与一般的观察活动相比，它要求观察者带着明确的目的，凭借自身感官及有关辅助工具（观察表、录音录像设备），直接（或间接）从课堂上收集资料，并依据资料做出相应的分析、研究。它是教师日常教学必不可少的组成部分，是教师专业学习的重要内容。因此，课堂观察是一种以教育教学研究和指导为基本目的的课堂研究活动。

二、地理课堂观察

本书的地理课堂观察是指一线地理教师通过课堂观察，以提升教育观念和教育教学技艺，改善地理课堂和促进学生学习为目的，在实际的地理课堂教学情境观察中以"专业"的方式开展课堂观察，进行针对性的观察汇报，通过对话、倾听、讨论的方式形成开放、民主、合作的教师文化，在合作的氛围中提高自我专业素养。

2

理论依据

第二章

第一节　布卢姆的"教育目标分类法"

　　按照布卢姆的"教育目标分类法"，在认知领域的教育目标可分成六个方面，即知道（知识）、领会（理解）、应用、分析、综合和评价。

　　布卢姆的教学目标分类法对设计问题的启发：

　　一是所提问题可以从简单逐渐发展到复杂。

　　二是可以按学习目标的要求，分层次提出问题，即认知性问题（它是对知识的回忆和确认）——理解性问题（它主要考查学生对概念、规律的理解，让学生进行知识的总结、比较和证明某个观点）——应用性问题（主要是指对所学习的概念、法则、原理的运用）——分析性问题（主要让学生透彻地分析和理解问题，并能利用这些知识来对自己的观点进行辩护）——综合性问题（能使学生系统地分析和解决某些有联系的知识点集合）——评价性问题（理性地、深刻地对事物本质的价值做出有说服力的判断）。

　　课堂观察关注课堂的四个要素：学生学习（Learning）、教师教学（Instruction）、课程性质（Curriculum）和课堂文化（Culture）。课堂观察量表的设计、使用都要用到布卢姆的"教育目标分类法"。

第二节 建构主义理论

建构主义认为："知识是学习者在一定的情境下，借助其他人的帮助，利用必要的学习资料，通过意义建构的方式而获得。"课堂观察的过程符合建构主义理论蕴含的四大要素——情境、协作、会话、意义建构。

其一，情境。课堂观察不用刻意营造环境，因为它正是依托于真实的课堂情境，观课者可以观察、理解、判断教师和学生的行为、思想、感情，从中得到启发，受到启示，并升华成为教师实践性经验的一部分。

其二，协作。课堂观察除了个人研究外，也要特别强调教师集体的作用，最好由既彼此分工又相互合作的团队来完成。其间，教师之间相互协作，借助于合作共同体，探究、应对具体问题，开展自我反思和专业对话，促使合作共同体的每一位成员都得到发展。

其三，会话。观课者在协作过程中必会相互交流，共享经验成果。

其四，意义建构。课堂观察所获得的实践经验是在观课者已有经验的基础上生成的，能够融入观课者已有的认知结构中。同时，观课者要理解教学现象，揭示内在机理，建构有意义的内在联系。

建构主义理论强调学习者的认知主体作用，强调知识必须依赖于自我建构。课堂观察中观课者可以根据自己的实际需要，有针对性地进行课堂观察活动，这是教师自我变革的愿望。课堂观察所揭示的现象可能将固有的理念解构，理念重构的行动会自动开始。整个课堂观察过程就是不断自主建构的过程。

第三节 教师专业发展的阶段性理论

20世纪70年代后，许多国外学者提出了关于教师专业发展的理论。

富勒的"教师关注理论"，把教师专业发展分为教学前关注、早期的生存关注、教学情境关注和关注学生四个阶段。

卡茨的"教师发展时期理论"，把教师的发展分为求生存期、巩固期、更新期和成熟期四个阶段。

1979年，伯顿提出"教师发展阶段理论"，把教师专业发展分为三个阶段，包括求生存阶段、调整阶段和成熟阶段。与卡茨不同的是，一方面，伯顿把巩固期与更新期融合为一个阶段，另一方面，强调教师发展是教师的生涯循环发展。

1989年，斯德菲提出了教师生涯发展模式。他从生涯发展理论及自我实现理论出发，强调教师发展是一个从预备、成长到成熟的过程，其中包含了退缩和更新，具体为预备生涯阶段、专家生涯阶段、颓丧生涯阶段、更新生涯阶段和推出生涯阶段。

1992年，费斯勒提出了教师生涯循环论，把教师发展分为更详细的八个时期，即职前教育期、入门期、能力建构期、热情成长期、生涯挫折期、生涯稳定期、生涯消退期和生涯退出期。这一理论综合了上述各种理论的优点，同时又补足了相应的培训发展需求。

在课堂观察过程中，观课者和授课者彼此都处于平等的主体地位。

观课者可以调用已有的经验，制定具有个性特征的观察目标和观察计划，并运用已有的经验，对教学形象和行为来诠释和理解以得出更有价值的经验，观课者还可以发表意见，贡献经验，而不让自己感到"被抛弃"，从而达到"自我实现"。

3

第三章

开展高中地理课堂观察的基本内容

第一节 总体目标和执行情况

一、总体目标

高中地理课堂观察实践的总体目标主要有三方面。

一是通过学习课堂观察的理论和文献，将课堂观察的理论和方法引入高中地理课堂。

二是针对高中地理教学内容，探讨在实践中如何设计地理观察量表，帮助教师掌握地理课堂观察的方法和基本流程，促进教师专业成长。

三是通过本研究，探索高中地理课堂观察的方法、途径和策略，从而改进地理教师课堂教学的策略和方法，使课堂教学最优化。

二、执行情况

本课题在研究过程中，基本上按预期目标开展研究，较顺利地完成了预定研究任务。本课题于2013年底申报，2014年12月批准立项，实际研究工作在2014年就已经开始进行，2015年1月由学校组织开题后，又进一步细化了研究计划。2015年10月进行中期检查和总结，2016年底开始撰写结题报告和研究报告。

在研究过程中，本课题采用了行动研究、文献研究、案例研究、调查问卷、经验总结等方法，侧重在高中地理课堂观察量表开发、观察实践一般流程等方面做研究，并取得了一定的研究成果。

第二节　开展高中地理课堂观察实践的评析

一、总体框架

学习课堂观察的相关理论和实践，分析高中地理课堂观察的文献资料。在理论指导下，进行高中地理课堂观察量表的开发，开展高中地理课堂观察实践，总结高中地理课堂观察实施的方法、途径和策略，总结观察量表的开发原则、途径和一般思路。

二、基本内容

1. 高中地理课堂观察的文献分析

2013年底课题申报后，负责人就开始收集和学习与课堂观察有关的图书。例如，陈大伟编写的《怎样观课议课》，沈毅、崔允漷主编的《课堂观察：走向专业的听评课》，吴江林、林荣凑、俞小平主编的《课堂观察LICC模式：课例集》，（美）里德、（美）贝格曼著，伍新春、夏令、管琳译的《课堂观察、参与和反思》等。

同时，也收集和学习了与课堂观察有关的文章。例如，王跃华的《对"课堂观察"课例研究方式的几点思考》，陈文魁的《基于师生交流的地理课堂观察实践》，吴君的《地理课堂观察：专业的听评课范式》，郭春喜、戴申卫和王公月的《传统听评课与课堂观察的差异辨析——以"江苏省高中地理课堂观察观摩活动"为例》，等等。通过学习这些书籍和文章，课题组对课堂观察的现状有了较深入的了解和认识，并在市级教研活动中参与课堂观察，对如何开展课堂观察积累了丰富且宝贵的实践经验。

2. 高中地理课堂观察量表的开发

地理课堂观察量表的设计应遵循科学性、可行性、选择性、指向性和学科性原则。开发途径有选用、改良、设计和总结完善观察量表等。

选用，即选用比较成熟的学科通用的观察量表和适合地理课堂的观察量表。

改良，即将一些其他学科的观察量表改良为适合地理课堂的观察量表。

设计，即根据地理课堂教学设计的需要开发观察量表。

还有就是在实践中总结完善观察量表。

3. 高中地理课堂观察实施的方法、途径和策略研究

课题组与校内外高中地理教师积极合作，开展课堂观察活动，形成了"观察——反思——改进"的活动链条，确定了实施地理主题观察活动的基本流程，即确定观察课题——开发观察量表——课前确定观察点——进入观察现场——课后会议讨论建议——撰写观察报告。

第三节　课题研究的基本方法

一、研究方法

本课题主要采用了四种研究方法，即文献资料法、案例研究法、观察法和经验总结法。

一是文献资料法，充分利用现有的图书、报纸杂志、互联网等手段，查阅相关文献，了解国内外在这一领域的研究成果，并进行深入学习和研究。

二是案例研究法，通过对一个案例进行观察、分析、总结，获得一些有价值的课堂观察方法。

三是观察法，对高中地理课堂进行观察记录，为开展地理课堂观察提供实践经验。

四是经验总结法，对如何开发观察量表、如何开展课堂观察等进行反思总结。

二、技术路线

经过课题组的研究和论证，确定本课题研究技术路线，如图3-1所示。

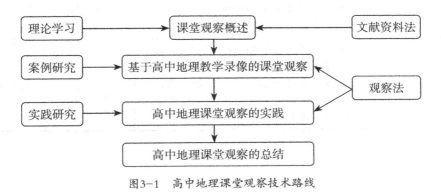

图3-1　高中地理课堂观察技术路线

第四节 课题研究的主要成果

一、开发出了系列地理课堂观察量表

本课题到结题为止，课题组共开发了16个课例的观察量表（表3-1），总结了开发地理课堂观察量表的基本原则、途径和一般流程，为以后开展地理课堂观察实践提供了可操作的借鉴。

表3-1 开发出的地理课堂观察量表统计

序号	课例名称	开发的课堂观察量表	使用年级	使用课型
1	地球的圈层结构	① 教学环节的适切性观察量表 ② 学习目标的达成观察量表 ③ 小组讨论的有效性观察量表	高一 （市二中）	新授课
2	流域综合治理与开发	① 教师提问的有效性观察量表 ② 学习目标的达成观察量表 ③ 学习活动的有效性观察量表 ④ 教学环节的有效性观察量表	高二 （市田中）	新授课
3	流域综合治理与开发	① 教师提问的有效性观察量表 ② 学习目标的达成观察量表 ③ 学习活动的有效性观察量表 ④ 教学环节的有效性观察量表	高二 （市一中）	复习课
4	洋流	① 教师提问的有效性观察量表 ② 学习目标的达成观察量表 ③ 课堂教学中教师对学生错误的指导观察量表 ④ 教学环节的有效性观察量表	高二 （市五中）	复习课

续 表3-1

序号	课例名称	开发的课堂观察量表	使用年级	使用课型
5	农业区位因素	① 教师提问的有效性观察量表 ② 教学素材资源有效运用的策略观察量表 ③ 学习活动的有效性观察量表 ④ 教学环节的有效性观察量表	高一 （曲仁中学）	新授课
6	地质构造与地表形态区域农业	① 教师预设问题的有效性观察量表 ② 学习目标的达成观察量表	高一 （市田中）	新授课
7	可持续发展——以美国为例	① 教师设问的有效性观察量表 ② 教师对学生回答问题情况的课堂处理观察量表 ③ 学习目标的达成观察量表	高二 （市一中）	新授课
8	农业可持续发展	① 教师设问的有效性观察量表 ② 教师对学生回答问题情况的处理观察量表 ③ 学习目标的达成观察量表 ④ 课堂教学时间的分配合理性观察量表	高三 （北江中学）	复习课
9	日本	① 教师对学生回答问题情况的课堂处理观察量表 ② 学习目标的达成观察量表 ③ 学习活动的有效性观察量表 ④ 教师对课堂教学中学生错误的指导观察量表	高二 （市田中）	复习课
10	工业区位因素	① 教师对学生回答问题情况的课堂处理观察量表 ② 教师对课堂教学中学生错误的指导观察量表 ③ 课堂教学时间的分配合理性观察量表	高一 （市五中）	新授课 （翻转课堂模式）
11	俄罗斯	① 教师对学生回答问题情况的课堂处理观察量表 ② 学习目标的达成观察量表 ③ 学习活动的有效性观察量表	高二 （市一中）	复习课
12	工业区位因素	① 教师提问的有效性观察量表 ② 教师对学生回答问题情况的课堂处理观察量表 ③ 学习目标的达成观察量表 ④ 学习活动的有效性观察量表	高一 （市二中）	新授课

续 表3-1

序号	课例名称	开发的课堂观察量表	使用年级	使用课型
13	能源资源的开发——以我国山西省为例	① 分层教学观察观察量表 ② 学习活动的有效性观察量表	高二 （乐昌城关中学）	复习课 （课题中期汇报）
14	大气受热过程	① 学生参与式教学资源有效运用的策略观察量表 ② 学习活动的有效性观察量表 ③ 各种提问行为类别频次统计观察量表 ④ 课堂教学时间分配合理性观察量表	高二 （北江中学）	复习课 （课题中期汇报）
15	美丽南雄我的家——地方文化特色对旅游的影响之乡土版	① 教学素材资源有效运用的策略观察量表 ② 学习活动的有效性观察量表 ③ 各种提问行为类别频次观察量表 ④ 课堂教学时间分配合理性观察量表	初二 （南雄新城王锦辉中学）	新授课 （课题中期汇报）
16	四川省	① 教学素材资源有效运用的策略观察量表 ② 自主学习活动的有效性观察量表 ③ 课堂教学时间分配合理性观察量表	初二 （市十学）	新授课 （课题中期汇报）

二、提出了地理课堂观察诊断的新视角

本课题属于探索性实践研究，主要采用案例研究法。课题组深入教学现象发生与教学规律呈现的课堂之中，合理预设观察重点，设计观察量表，客观真实地呈现课堂的本来面貌，探索与总结课堂教学的一些科学规律，促进高中地理教师改进课堂教学。

与传统的直接进教室听课相比，课堂观察的不同在于，它通过设计观察量表，以此聚焦观察内容和视角。观课者进行分工，有观察记录时间的，有观察师生双边活动的，有观察学生学习效果的，有观察教师反馈情况的，有观察教学目标达成情况的……整个课堂呈现出教师、学生，以及观课教师融为一体的画面，观课的每一位教师都带着自己的分工任务，并根据自己的需要，选择适合的位置观察教师的教、学生的学、师生互动、小组研讨。这种有视角地进行课堂观察，不仅可以挑剔出教师语言表达和专业知识的每一个错漏之处，还

可以从时间的安排上清晰地看出教师在各个教学环节上的安排是否得当，以及最终落脚到学生的学习效果如何。

从课堂观察的视角来看，我们认为，创设问题情境，围绕主题精细化、层次化设计问题，是实现教学有效性的关键；提出有层次的、有逻辑的问题，为学生搭建思维节点，最终推动其自主建立起属于自己的思维体系，这有利于学生个体全面的、终身的发展。精选素材、突出教学目标，是实现教学有效性的保障。

三、总结出了地理课堂观察活动的基本流程

本课题的开展，探索了地理主题观察活动的基本流程，即确定观察课题——开发观察量表——课前确定观察点——进入观察现场——课后会议讨论建议——撰写观察报告（图3-2）。

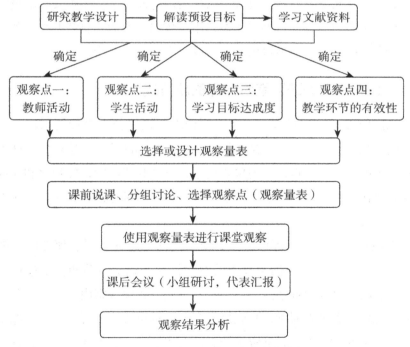

图3-2　地理主题观察活动的基本流程

课堂观察前的准备环节，具体操作如下。

首先，研究授课者的教学设计，设计课堂观察量表。地理课堂观察的对

象都是经过精心准备的市级公开课、研讨课等，授课教师根据市教研室的要求，对所授内容认真研究、精心设计，有完整详细的教学设计。

课题组根据教学设计，参考吴江林等主编的《课堂观察LICC模式课例集》，设计了该内容的课堂观察量表。

其次，开展课前说课。在上课前，授课者向参加活动的教师进行该教学内容的说课活动，对所授内容的课程标准、教材内容、学生学情等进行了说明，重点说明地理教学过程的设计及其设计目的，与会者进入课堂之前，应大致清楚教学目标、教学环节、教学组织等。

最后，观课教师选择观察点。说课后，来自不同学校的教师按感兴趣的观察点进行组合，形成课堂观察小组，并确定小组负责人。

课堂观察后的评课会议环节，具体操作如下：先是观课教师回到所在小组，将所观察的任务进行交流和讨论，整理形成小组观察报告。该过程时间较长，一般在30~40分钟。然后再分组派代表进行发言。在小组发言的过程中，老师们对所观察的内容进行事实陈述，用"数据"说话，总结的观点和提出的建议必须有依据，不可轻易得出"好"或"不好"的结论。

四、探索出了地理课堂听评课的新方式

传统的听课、评课过程一般是由授课者先谈谈教学设计的思路、上课感受等，然后是自由发言，最后是主持人或权威人士做总结。这种听评课方式缺乏明确而集中的关注焦点，就现象谈现象，就经验谈经验，碎片化和表面化的问题普遍存在。传统评课容易走极端。例如，一味讲好话，或者是一味否定，伤害了授课者的自尊。

课堂观察这种听课、评课方式，要求观课教师在听课、评课前，就要研究授课者的教学设计，明确本节课的教学目标、教学活动和教学过程，根据自己感兴趣的内容确定观察点，熟悉观察量表的各项观察内容，组队分工。然后，带着观察量表进入课堂，找到最有利的观察位置进行观察，观察课堂中教师的教、学生的学，观察教学资源的有效运用情况，观察课堂中的各种现象，等等。课后会议中，观课者首先要进行组内交流，对课堂中的各种现象进行归类，分析这些现象与教学设计是否吻合？是否符合学生的认知规律？是否符合学科的知识逻辑？学习目标是否达成？等等。形成小组的课堂观察报告后，各

组派代表进行课堂观察的小组汇报。总之，观课者不仅关注教师的"教"，更关注学生的"学"，关注学习目标的达成情况，带着任务和视角进课堂。

课堂观察让教师深度参与，从课堂教学前的研究教学设计，到进入课堂进行观察活动，再到课后会议的分析和总结，几个小时神经紧绷，注意力高度集中，有种听课、评课比上课还累的感觉。

课堂观察的主要目的是研究，在评价时能更真切地认识和把握观察对象，超越对象，深入对话。课堂观察具有评价优劣和等级判定等功能，课堂观察者与评课者处于平等地位。课堂观察后的评课，有主题、有分工、有"证据"，能通过现象剖析本质，进行评价客观。课堂观察这种听课、评课方式，是对课堂的一种细致入微的研究，授课教师可以根据观课者的课堂观察汇报，发现并发扬自己的优点，改进自己的不足，及时调整自己的教学方式、节奏等；观课者在他人的课堂上"照镜子"，在参与中修炼着自己的内功，促进自身专业成长。

五、构建了区域地理教研活动新模式

本课题的开展，是在韶关市教育局教研室教研员李文老师的关心和帮助下进行的，课题组与校内外高中地理教师积极合作，开展课堂观察活动，形成了"观察——反思——改进"的活动链条。这是一个循环往复、递进提升的活动链条，是一个观课者与观课者、观课者与授课者多向对话与交流的链条。这个链条构建了区域地理教研活动的新模式，辐射带动了市区高中各类学校各个年级约300人次地理教师参与课堂观察活动，促进了教育教学理念的更新，提升了自身教育教学的能力。另外，在李文老师的邀请下，韶关市市区初中地理教研活动也要求本课题组指导参与课堂观察活动，辐射带动市区各类初中学校各个年级约100人次地理教师参与，促进了初中教师教育教学理念的更新，初步改变了初中地理教师的听课、评课方式。

六、提升了地理教师专业发展水平

把课堂观察引入地理课堂，并开展行动研究，使得地理教师以研究者的角色审视地理课堂，用新的教学观、学生观、课程观、发展观、评价观研究地理课堂，对自身的教学行为和课堂教学中存在的问题进行深入细致的观察、讨论和反思，教师的理论修养和研究水平得到了提升，取得了一些显性成果。

例如，在市级研讨课和公开课开展课堂观察十一次，受邀参加课题中期检查四次，开展示范带学和同课异构活动各一次，均取得了出人意料的成果。此外，还开发出系列地理课堂观察量表（见表3-1），撰写论文八篇（见表3-2）。其中，七篇在省级以上刊物发表。

表3-2　发表论文

序号	成果名称	作者	发表、获奖
1	基于教学目标预设与达成的地理课堂观察实践	李玉钧	《广东教学》2014年7月（CN44-0702/F）
2	高中地理课堂教学目标表述中存在的问题和矫正	李玉钧	《地理教学》2015年第1期（CN31-1022/G4，ISSN1000-078X）
3	智能手机作为学习终端情况的调查与分析	李玉钧	《教育研究与评论（技术教育）》2016年第1期（CN32-1791/G4，ISSN1674-4632）
4	高中地理课堂观察量表的开发原则与途径	李玉钧	《地理教育》2017年第7期（CN50-1089/K，ISSN1005-5207）
5	诊断答题表现水平——基于SOLO分类评价理论的视角	李玉钧	《地理教学》2017年第9期（CN31-1022/G4，ISSN1000-078X）
6	基于SOLO分类法的试题研究	李玉钧	《中学地理教学参考》（上半月）2017年第8期（CN61-1035/G4，ISSN1002-2163）
7	基于地理课堂观察的教学反思——以《地球表面形态》为例	赵广博	《广东教学》2017年11月（CN44-0702/F）
8	谈高中地理课堂教学有效性的三个维度——基于课堂观察的分析	李玉钧	

第四章

地理课堂观察量表的开发原则与途径

4

第一节　课堂观察量表的开发原则

好的课堂观察量表，能为观察教师提供明确的行动指南，为其顺利完成课堂观察活动起到良好的辅助作用。地理课堂观察量表的设计应遵循以下原则：

一、科学性原则

课堂观察量表的设计应具有科学性和严谨性，要做到准确地反映地理课堂教学的规律，准确地反映教学设计的目标，准确地反映地理规律和原理。

二、可行性原则

课堂观察量表设计的目的是，让进行课堂观察的教师能以此为指导来开展课堂观察活动。因此，量表内容应具备可操作性，既要具备课堂观察所需要的工具、设备等条件，又要具备较清晰的课堂观察思路和简洁明了的填写量表。

三、选择性原则

课堂是一个复杂的系统，它由许多确定要素和许多不确定的事件、行为组成，教师要想系统、真实地记录课堂所发生的每个行为和情境，是不现实的。因此，课堂观察要有选择性，重点关注教师行为还是学生行为，关注课程性质还是课堂文化，要根据观察目的、观察者喜好和被观察者特征等方面进行选择，不要面面俱到，不必面面俱到，也不可能面面俱到。

四、指向性原则

课堂观察的内容指向要明确，围绕主题选择有价值、值得研究或是观察者关注的内容，尽量避免不现实或没有意义的主题。

第二节 课堂观察量表的开发途径

一、直接使用比较成熟的观察量表

主要是借助他人研制的比较成熟的观察量表，对地理课堂进行观察。例如，本书中所使用的"表5-6"，就是选用吴江林等主编《课堂观察LICC模式课例集》第86页的观察量表（物理学科）。该书中有11个学科、11个案例、40份观察量表。这些观察量表是吴江林老师及其团队在查阅大量国内外文献的基础上，通过总结教学经验，经过试用修正完成的，在教学实际中已得到反复验证，可以直接使用。还有沈毅、崔允漷教授主编的《课堂观察走向专业的听评课》一书，共有21份比较典型的观察量表，很多都可以直接借鉴。

二、直接使用适合地理课堂的观察量表

地理学科的知识内容涉及大量图片、地图、表格、视频、动画等教学素材，在地理教学中，地理素材资源的应用占据极其重要的地位。在地理教学设计中，地理素材资源的应用，并不是一个简单的资料叠加，而是一个对地理素材资源，在分析、筛选、组合和改造的基础上，加以合理利用的资源整合过程。整合的优劣直接影响教学效果的好坏。如何合理利用教学素材资源，在很大程度上关系到教学目标的最终达成，而合适的"教学素材资源有效运用的策略"观察量表是进行课堂观察的关键。吴江林等主编《课堂观察LICC模式课例集》第166～167页的观察量表（历史学科），从"生动性""科学性""简约性""目的性"等四方面进行设计，科学性和专业性都很强，虽然使用在历史学科，但地理学科也适用，见表4-1。

表4-1　教学素材资源有效运用的策略

素材名称	素材类型	素材来源	生动性				科学性			简约性		目的性	
			新颖性	趣味性	情境度	知识准确度	内容契合度	学情适合度	使用数量	整合方式	呈现时间	目标指向	利用方式

1. 新颖性：A.新颖　B.一般　C.陈旧

2. 趣味性：A.有趣　B.适中　C.枯燥

3. 情境度：A.良好　B.适中　C.欠佳

4. 知识准确度：A.引用材料知识正确　B.引用材料存在知识错误

5. 内容契合度（与教学内容的相关性）：A.紧密　B.适中　C.不强

6. 学情适合度：A.适度　B.过简　C.过难

7. 使用数量：A.适度　B.偏少　C.偏多

8. 整合方式：A.适度　B.过简　C.过繁

9. 呈现时间：A.适中　B.过长　C.过短

10. 目标指向：指素材针对的教材具体教学目标或过程，包括导入、重难点、能力培养、情感态度塑造等

11. 利用方式：包括简单呈现、教师讲解、问题探究、角色扮演等

三、改良为适合地理课堂的观察量表

吴江林等主编《课堂观察LICC模式课例集》第168页有一张《学习目标的达成观察表》，见表4-2。它是历史学科的观察量表，根据"流域的综合治理与开发"课堂观察的需要，可以改良为适合地理观察的量表，见表4-2。

表4-2　学习目标的达成

预设教学目标	知道和理解……	了解……	认识……	感受……
目标提出方式				
情境创设				
学习活动				
教学环节				
教师语言和活动				
教学目标达成检测				

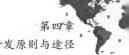

首先，对观察的项目做了改良。一是"目标提出方式"改为"学习目标呈现方式"，突出"学习目标的达成"这个观察点；二是"情境创设"改良为"情境创设（布置任务、背景材料、学习活动条件等）"，方便参与观察的教师开展具体操作；三是删除"教学环节"和"教师语言和活动"两项，因为有"教学环节的适切性"观察点，因此不必重复。

其次，对预设的教学目标进行修改，因为观察表4-2是针对历史学科的观察量表，即使是地理学科的，也要根据不同的教学内容、不同教师的教学侧重点，进行相应的修改。具体见观察量表5-8。

四、根据教学设计开发观察量表

如前面提到的"流域的综合治理与开发"课堂观察活动，在教学设计中，安排了"小组合作"和"独立思考"两项学生活动，为了观察这两项活动的有效性，通过讨论，课题组列出了以下问题，并以此设计观察量表。

问题1：独立活动中，学生是在阅读课文，还是在查找资料？花了多少时间？任务完成的情况怎样？

问题2：小组合作中，学生交流的参与度怎样？氛围怎样？花了多少时间？效果如何？

将以上问题进行整合，设计观察量表，见表4-3。

表4-3 "学习活动的有效性"课堂观察量表

活动主题	分析田纳西河流域开发的气候条件	分析田纳西河流域开发的地形条件	分析田纳西河流域工业发展条件
独立活动描述： 观察有多少学生参与其中？是独立思考完成，还是照抄资料？用时多少？根据什么资料？任务完成情况怎样？目标达成情况怎样？			
交流活动描述： 学生交流参与度、交流时间？多少人交流，交流的氛围、效果如何？目标达成情况如何？			

又如，某位教师在"农业区位因素"一课的设计中安排了两项活动，一项是小组竞赛活动，另一项是小组合作探究活动，我们据此设计了表4-4。

表4-4　学生活动的有效性

活动主题	规则	时间	活动描述
活动①：小组必答题竞赛（判断影响农业生产的主导区位因素）			
活动②：小组合作探究（城郊农业区位分析和选择）			

五、在实践中总结完善观察量表

地理课堂中，学生活动的有效性一直是课堂观察的关注点。在第一次进行"地球圈层结构"课堂观察时，我们设计了表4-5。但在实际操作过程中，观察教师记录观察量表手忙脚乱，虽然列出了要记录的项目，但是，不知道要记录哪些具体内容，只能用一些概括性的语句记录。例如，氛围良好，观点明确，时间合适，等等。课后讨论时，观察教师的分析难以深入、细化，这样的课堂观察是失败的。经过分析，我们发现是表格设计不科学、操作性不强，影响了课堂观察。

表4-5　"地球圈层结构"学生活动的有效性

	内容
活动主题	
活动进程	
活动氛围	
主要观点	
活动时间	

进行"流域的综合治理与开发"课堂观察活动时，我们根据教学设计中安排的学习活动，把重点观察项目细分为"小组合作"和"独立思考"两部分。为了观察这两项活动的有效性，课题组列出了以下问题，并以此设计观察量表。

问题1：独立活动中，学生是在阅读课文，还是在查找资料？花了多少时间？任务完成情况怎样？

问题2：小组合作中，学生交流的参与度怎样？氛围怎样？花了多少时间？效果如何？

将以上问题进行整合，设计了表4-6。

表4-6 学习活动的有效性

活动主题		分析田纳西河流域开发的气候条件	分析田纳西河流域工业发展条件
独立活动描述	观察多少学生？他们是独立思考完成，还是照抄资料完成？多少时间？根据什么资料？任务完成情况怎样？目标达成情况如何？		
小组活动描述	学生交流参与度、交流时间？多少人交流？交流的氛围、效果如何？目标达成情况？		

观察结果表明，这次改进取得了非常好的效果，参与观察的教师在课后分析中都是用数据说话，分析有理有据，结论准确中肯，任课教师和开展课堂观察的教师，对这次教研活动都很满意。

第三节　开发设计课堂观察量表的一般流程

已有的成熟的观察量表经过了实践的检验，具有科学性和可行性。但是，针对性可能不强。自行开发的观察量表针对性很强，但受设计者自身理论素养和实践经验的限制，也可能缺乏科学性或存在偏差。

在一次课堂观察中，可以使用已有的观察量表，可以借鉴已有的观察量表进行改进和补充，也可以自行开发设计观察量表。

开发设计课堂观察量表主要基于三大方面：

一是学习文献资料，即指利用文献资料中明确的知识和原理，指导新的观察量表的设计，以确保观察量表的科学性和严谨性。

二是根据教学设计，依据教学设计预设的目标、情境、过程等设计观察量表，以确保观察量表的针对性。

三是实践经验积累，即利用教师长期的、复杂的实践智慧进行观察量表的开发，以确保观察量表的情境性。开发设计课堂观察量表的一般流程，如图4-1所示。

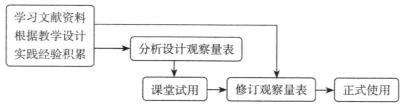

图4-1　开发设计课堂观察量表一般流程图

5

实践研究

第五章

第一节　课堂观察开展条件调查与分析

　　为了了解当前高中地理课堂观察现状，我们利用一次全韶关市高中地理教研会的机会，对到会的46位高中地理教师进行了问卷调查（问卷调查见附件1，本书第37页），样本数量约占韶关市高中地理教师的五分之一，基本能反映当前韶关市高中地理课堂观察的情况。

一、调查目的和内容

　　从调查入手，在一定程度上了解韶关市高中地理教师课堂观察的现状。

　　本次调查内容主要包括五个方面：一是地理课堂观察开展的条件，二是课堂观察前的准备情况，三是听课情况，四是课后反思情况，五是评课情况。

二、调查结果及现状分析

（一）高中地理课堂观察开展的条件分析

1. 每学期听课次数

　　图5-1数据统计显示，只有3人听课5节以内，其中2人从事高中地理教学工作20年以上；5人听课6～10节，其中3人从事高中地理教学工作10年以下；13人听课11～15节，12人听课16～20节，13人听课20节以上，其中从事高中地理教学工作5年以内的5人听课20节以上。

　　总体而言，听课10节以下的8人，听课10节以上的有38人，听课15节以上的有25人，即大多数高中地理教师平均每周参加听课活动一次。这说明，大多数高中地理教师有时间开展地理课堂观察活动。

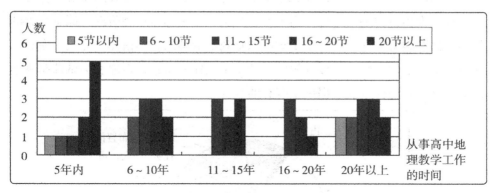

图5-1　从事高中地理教学工作的时间与听课频度

2. 是否了解"课堂观察"

从图5-2统计看，只有极少数人"从没听说过"课堂观察；从事高中地理教学工作5年内的地理教师有约30%"接受过专门的观课、评课方面的培训"，其余很少甚至没有；超过80%的地理教师"听说过或看过相关文章"。这一方面说明，绝大多数地理教师缺少课堂观察培训的机会；另一方面说明，绝大多数地理教师对课堂观察已经有了一定的了解。只要有相应的培训或有课堂观察的领头人，帮助地理教师掌握相关的课堂观察方法和技能，那么，地理课堂观察一定能够顺利地开展。

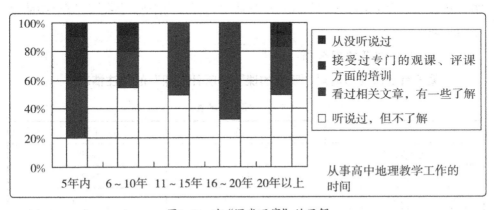

图5-2　对"课堂观察"的了解

3. 听课的主要目的

54%的高中地理教师认为，听课的主要目的是为了"完成学校布置的任务或教研活动安排"，37%的高中地理教师则是为了"个人发展的需要"。经调查发现，大多数教师属于任务型听课，其次才是主动需求型听课。课堂观察的目的是提升教育教学技能。乐于尝试课堂观察活动的教师占比三分之一左右，还有一半以上的教师如果接到教研活动安排或任务布置，也愿意尝试课堂观察活动。这为开展课堂观察提供了有利的基础。

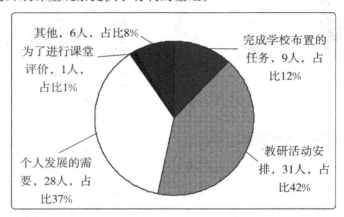

图5-3 教师听课的主要目的

4. 教师所在学校的地理教研组是否举行过有主题的听课活动情况

经调查，有41%（19人）的教师选择了教研组"经常"会举行有主题的听课活动，有43%（20人）表示教研组"偶尔"会举行有主题的听课活动。这说明，开展主题听课活动可以依托地理教研组，开展高中地理课堂观察有团队合作的基础。

（二）课前准备情况分析

1. 关于有听课任务时对"听谁的课""听什么课"的关注情况

表5-1 听课情况表

	人数	百分比
每次都会	13	28.3%
经常会	13	28.3%
有时会	15	32.6%
从来不会	5	10.8%

各有28.3%的地理教师表示"每次都会"或"经常会"关注，有32.6%的教师"有时会"关注。一半以上的地理教师能做到，每次都会或经常会关注"听

谁的课""听什么课"。

2. 是否会在上课前与授课者进行有效沟通

有约74%（34人）的地理教师"有时会"在上课前与授课者进行有效沟通，有17%的地理教师选择"从来不会"，没有人选择"每次都会"。

从上述两项数据看，大多数高中地理教师已具备了一定的课堂观察心理准备。但是，在上课前与授课者进行有效沟通，还有待改善。

3. 物质准备情况

表5-2　物质准备表

项目	人数	百分比
什么也不带	18	39.1%
录音笔或照相机等设备	7	15.2%
专门的观察量表	13	28.3%
其他	8	17.4%

听课时，18人（占39.1%）只带笔和听课记录本，用"专门的观察量表"的有13人（占28.3%），这可能是市区学校的高中教师，因为近一年市教研室组织市区学校参加的教研活动中，本课题组均参加了，而且在教研员李文老师的支持下，本课题组组织了课堂观察活动。说明只要有组织有引导地开展课堂观察活动，绝大多数地理教师都会积极参与。

（三）听课情况分析

1. 听课时座位选择

选择坐在"教室最后区域"的地理教师占37%，坐在"学生中间"的占52%，有11%的地理教师选择坐在"教室前面区域"或"其他位置"。说明经过一年的课堂观察实践，市区学校的地理教师已经开始转变传统的听课方式，从关注教师的"教"转向关注学生的"学"。

2. 听课的关注点

如图5-4所示，从选择的数量来看，"师生互动"被87%的地理教师选择，排列在第二、三位的是"教师的行为"和"学生的行为"，分别有74%和70%的地理教师选择。另外，选择"教学目标的达成"和"课堂教学环节"均占58%。这反映出目前高中地理教师听课的关注点，既考虑了教师又考虑了学生，说明绝大多数地理教师抓住了教学的基本问题，即教师的"教"和学生的"学"。从关注学生角度来分析，"教学目标的达成"不如"学生的行为"，而"学生的行为"不如"师生互动"。从关注教师的角度来分析，"教学媒体的使用"关注度最低，"课堂的动态生成"的关注度也不高。

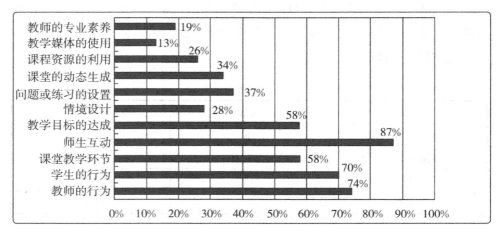

图5-4　听课的关注点

3. 听课时的随感记录情况

分别有30.4%和36.9%的地理教师表示"每次都会"和"经常会"记录随感，有32.7%的选择"有时会"，没有选择"从来不会"的。这说明，绝大部分地理教师在听课过程中能进行即时性反思。

（四）课后反思自己的教学理念和教学行为情况

分别有15.20%和58.70%的地理教师表示"每次都会"和"经常会"课后反思自己的教学理念和教学行为，有26.10%的选择"有时会"，没有选择"从来不会"的。这说明，绝大部分地理教师养成了较好的反思习惯。

（五）课后参加评课活动情况

93%的地理教师表示愿意参加评课活动，他们认为，参加评课活动能"教学相长，有助于提高自我教学水平""相互交流思想，促进自我专业素质的提高""可以了解讲课教师的想法，同时获得更多新的教学思路""多学习更多的有效教学方法经验""比较其他老师与自己听评课异同""了解同行评课的不同角度及个人的各种见解""听取其他老师评课，及对上该种课的意见指导"等，同时，也是"个人专业发展的需要"。这表明，地理教师具有强烈的学习需求，把听课活动和评课活动作为获得实践性知识、汲取他人经验、改进教学技能和提升自身专业素养的重要途径。当然，也有极少数地理教师"怕发言，怕讲不到重难点，怕找不到问题关键"。如果多参加听课、评课活动，自然也促进他进步。

附件1：

高中地理教师听课活动调查问卷

这份问卷的目的在于了解目前高中地理教师听课活动的现状。本问卷不记名，仅供研究之用，希望根据您的实际情况如实填写，谢谢！

1. 您从事地理教学工作的时间是（　　　　）。

    A. 5年内　　　　　B. 6～10年　　　C. 11～15年　　　D. 16～20年

    E. 20年以上

2. 每学期听高中地理课的次数为（　　　　）。

    A. 5节以内　　　　B. 6～10节　　　C. 11～15节　　　D. 16～20节

    E. 20节以上

3. 在此之前，您是否了解"课堂观察"（　　　　）。

    A. 听说过，但不了解

    B. 看过相关的文章，有一些了解

    C. 接受过专门的观课、评课方面的培训

    D. 从没听说过

4. 您听课的主要目的是（　　　　）。

    A. 完成学校布置的任务　　　　B. 教研活动安排

    C. 个人发展的需要　　　　　　D. 为了进行课堂评价

    E. 为同行捧场　　　　　　　　F. 其他

5. 所在学校的地理教研组是否举行过有主题的听课活动（　　　　）。

    A. 每次　　　　B. 经常　　　　C. 偶尔　　　　D. 从没

6. 当得知有听课任务时，您是否会事先关注"听谁的课""听什么课"

    （　　　　）。

    A. 每次都会　　B. 经常会　　　C. 有时会　　　D. 从来不会

7. 您是否会在上课前与授课者进行有效沟通（　　　　）。

A.每次都会　　　B.经常会　　　C.有时会　　　D.从来不会

8.听课时，除笔和学校发放的听课记录本外，您一般还会携带（可多选）（　　　）。

A.其他什么也不带　　　　　　　B.录音笔或照相机等设备

C.专门的观课表　　　　　　　　D.其他

9.听课时您会选择坐在（　　　）。

A.教室最后区域　　　　　　　　B.学生中间

C.教室前面区域　　　　　　　　D.其他

10.您听课时的关注点是（　　　）。（可多选，按关注点的程度由高到低依次选择）

A.教师的行为　　　　　　　　　B.学生的行为

C.课堂教学环节　　　　　　　　D.师生互动

E.教学目标的达成　　　　　　　F.情境设计

G.问题或练习的设置　　　　　　H.课堂的动态生成

I.课程资源的利用　　　　　　　J.教学媒体的使用

K.教师的专业素养　　　　　　　L.其他

11.在听课中您是否会记录随感（　　　）。

A.每次都会　　　B.经常会　　　C.有时会　　　D.从来不会

12.每次听课后您是否会及时地反思自己的教学理念和教学行为（　　　）。

A.每次都会　　　B.经常会　　　C.有时会　　　D.从来不会

13.听课后您是否愿意参加评课活动

A.愿意参加，理由是＿＿＿＿＿＿＿。

B.不太愿意，理由是＿＿＿＿＿＿＿。

第二节 基于"教学目标预设与达成"的地理课堂观察

2014年10月，韶关市教育局地理教研室举行了一次主题为"教学目标的预设与达成"地理教研活动，课题是高一地理Ⅰ的"地球的圈层结构"。课题组在教研室李文老师的支持下，于2014年10月10日在市二中进行了课堂观察。

附件2：

"地球的圈层结构"教学设计

（第1课时）

【课程标准】

说出地球的圈层结构，概括各圈层的主要特点。

【课堂教学目标】

（1）阅读了解地震波的特征后，通过思考题检测学生能否区分横波、纵波的传播速度、运动方向和可通过的物质。

（2）运用地震波传播与地球内部圈层结构示意图，说明地球内部三大圈层的划分依据及其分界面，激发学生探究未知地理现象的兴趣和动机；通过自制的地球内部圈层模型教具，更加形象生动地让学生感知地球的内部圈层。

（3）用列表形式，让学生概括地球内部各圈层的特点，重点掌握地壳的厚薄分布规律，岩石圈、软流层的位置、范围及其对人类活动的影响。

（4）学生通过小组合作完成对地球内部圈层结构的认识，形成科学的地理观、空间观，了解我们的生存环境，从而培养树立热爱地球和保护地球环境的意识。

【学情分析】

（1）高中学生好奇心、求知欲强，思维能力在不断提高，教师需要激发学生思维。

（2）高一学生缺乏体验式的高中地理学习的方法，学习方式被动，教师需要给学生创造主动学习和探索体验的过程。

（3）学生通过学习前面的知识，对宇宙、地球的认识有了一定的基础。但是，对地球自身的认识还非常地浮浅，加之绝大部分学生课外知识相对薄弱，所以对本节课是比较感兴趣的。

【教法和学法分析】

表格法、读图分析法，绘图法、自主学习法、小组合作探究法。

【课时安排】

第1课时。

【教学过程设计】

（一）导入新课

前几节课中，我们主要学习了地球的宇宙环境、运动规律，知道地球是一个巨大又不透明的球体。就整个地球而言，是一个由不同物质、不同状态组成的以地心为共同球心的同心圈层结构，可划分为地球外圈和地球内圈两大部分。就人类目前的技术水平而言，还没有能力直接深层地去地下探明其内部结构。那么人类究竟用了什么方法去探知地球神秘的内部结构呢？

（二）讲授新课

知识铺垫：

1.认识地震波

（1）基本概念初探：让学生通过阅读课文，初步了解地震波的概念。

（2）知识点拨：

分类	特点			
	可通过的物质	传播速度	运动方向	共同特点
纵波（P）	固体、液体	较快	上下颠簸	传播速度都随所通过物质性质而变化
横波（S）	固体	较慢	左右晃动	

思考：2011年3月11日，日本8.9级地震，给当地人们的生命、财产造成了巨大的损失。灾后，从一个架设在马路上的监视器可以清楚地重现地震发生瞬

间的情境：大地剧烈晃动，先是上下颠簸，然后左右摇晃。这致使一位当时在一艘等候进港的轮船幸免于难的船员怀疑自己的记忆：当时只感觉到上下颠簸，并没有体会到监视器所拍摄到的左右摇晃。

（1）地震后，为何大地先是上下颠簸，后左右摇晃？

（2）解释材料中船员的记忆是否有误？

点拨：当地震发生时，纵波传播速度较快，先到达地面，横波传播速度较慢，后到达地面。所以，人们首先感到地面上下颠簸，然后是左右摇晃；而如果是在船上，因为横波不能在液体中传播，所以人们只会感觉到上下颠簸。横波的破坏性更大。

小组合作：

2. 地球内部圈层的划分及不连续面的分布（重点、难点）

（1）指导读图——小组合作。

读图指导：教材（湘教版普通高中地理课程标准实验教科书必修（一）P25图1-21）中的图分为左右两部分，左图是地震波由地表向地心传播过程中波速随深度的变化情况，右图是地球内部根据左图做的判断结果。

提醒学生：①先看图名与坐标；②分析这幅图的总体规律；③找出关键点（17km、2900km）。通过点拨后，教师用实例检验学生是否会看图。实例1：取点，取坐标图中任意一点，如读出深度1000km处横波、纵波的速度。实例2：取线，取坐标图中2000～3000km处，读出横波、纵波的速度变化情况。

小组合作探险：读图，观察并思考地震波传播速度和距离地表的关系。

请描述地震波（横波、纵波）的传播速度17km和2900km附近有什么变化？为什么会有这种变化？

活动的目的：①这幅图是本节课的重点，更是难点。因此本节课的重心在这幅图上，让学生真正学会读懂地球内部地震波与地球内部圈层构造图，读懂纵波和横波传播速度曲线。②培养学生读图分析能力，要求学生通过地震波的传播特点，准确地读出横波和纵波在地表以下不同深度传播速度的变化，得出地球内部物质性质不均一，可分成不同圈层的结论。③通过小组合作探险形式读图完成问题，能培养小组的合作精神，养成科学思考问题及辩证思维的习惯。

（2）归纳小结：地球内部存在着两个不连续面。其中，莫霍界面位于大陆部分地下33千米处；古登堡界面位于地下2900千米处。在莫霍界面下，纵波和横波的传播速度都有明显增加；而在古登堡界面下，纵波的传播速度突然下降，而横波完全消失。

既然如此，我们根据地震波在地球内部传播速度的差异，将地球内部分为三层：地壳、地幔、地核。其实，如果大家仔细看图的话，也会发现，在地下约1000km和5000km处，地震波的波速同样有了变化。因此，我们又将地幔分为上地幔和下地幔，将地核分为外核和内核。

（3）成果展示——读图、阅读课本，完成表格（重点）。

学生通过对读图的分析，已能得出绝大部分地球内部圈层的特点。因此表格的设计将是学生对读图知识的总结。

圈层名称		不连续面	特征
地壳		莫霍界面	
地幔	上地幔		
	下地幔		
地核	外核	古登堡界面	
	内核		

注意落实重点：总结知识点时，特别要落实地壳的厚薄分布规律、岩石圈、软流层范围。

动手画出来：学生在图上绘制出岩石圈、软流层位置。（加深印象，让学生学到的知识更形象化、条理化、空间感更强）

（三）课堂总结，加固知识框架（板书）

地球的圈层结构：

（1）地球内部圈层的划分依据：

地震波 { 纵波：快，固体、液体、气体，上下颤簸
                                              传播速度都随所通过物质的性质而改变
              横波：慢，固体，左右晃动 }

（2）地球的内部圈层

$$不连续面\begin{cases}莫霍界面 & 地壳 \\ & 地幔 \\ 古登堡界面 & 地核\end{cases}$$ ★

（四）课堂练习、布置课后作业

"地球的圈层结构"学案

地球探险队：＿＿＿＿＿＿＿＿

小组合作探险：

1. 读图地震波传播速度和距离地表的关系，思考

（1）地震波（横波、纵波）的传播速度在17km、2900km附近时有什么变化，说明了什么问题？

（2）通过描述地震波传播速度变化，请推测地壳、地幔、地核的物质状态，为什么？

（3）地幔、地核内的物质是否均匀，为什么？

2. 探险队员成果展示

圈层名称		不连续面	特征（厚度、物质状态、其他特点）
		莫霍面	

圈层名称		不连续面	特征（厚度、物质状态、其他特点）
		古登堡面	

（本教学设计和学案由韶关市第二中学刘艳菊老师提供）

一、课堂观察前的准备

首先，设计课堂观察量表。韶关市二中的刘艳菊老师根据市教研室的要求，对高中地理必修（一）第一章第四节"地球的圈层结构"进行了教学设计（如前所述）。然后，课题组成员、教研室李文老师等根据定稿的教学设计，以"教学目标的预设与达成"为主题，参考吴江林等主编的《课堂观察LICC模式课例集》，从教学环节的适切性、学习目标的达成、小组讨论的有效性等三方面，设计了该内容的课堂观察量表。

其次，课前说课。在上课前，刘老师进行了该教学内容的说课活动，说课对象为参与课堂观察的教师，目的是让参与课堂观察的教师对照三个观察量表，清楚刘老师本节课的课程标准、教材内容、学生学情等，特别是要清楚地理解教学过程的设计及其设计目的。

最后，观课教师选择观察点。说课后，来参加活动的30多位教师按设计的观察表分成三组，确定负责人。

根据刘老师的教学设计和说课，了解到在教学环节上，刘老师已经进行了精心设计。但是，由于这些环节的逻辑性比较强，教学要求比较高，如何在课堂教学中有效落实，促进学生的学习，最终达成本节课的课堂教学目标，成为我们非常关注的问题。因此，笔者带领一个组选择了此教学环节的设计是否有利于促进教学目标达成作为观察点。

二、课堂观察的资料整理分析

从本节课的教学设计看，整堂课可以分为五个环节。除了教学内容与环节的设计外，课堂上教学环节的时间分配、教师的教学活动、学生的学习活动，也是教学目标达成的重要因素。同时，目标的达成度也需要通过课堂的实际情况进行反馈与分析。观察表及结果见表5-3。

表5-3 "教学环节的适切性"课堂观察量表及观察结果

教学环节	环节内容	时间分配	教师活动	学生活动	目标达成反馈
1 导入	导入新课	1分钟	呈现"钻井取样研究"材料	全体学生倾听	无
2 知识铺垫	概念初探	1分钟	让学生阅读课文，了解地震波的概念	全体学生阅读	学生齐答"地震波特征比较表"相关内容都正确。但当有一位学生说"地震波应该是向四周传播的"时，教师没有理会，只说地震波会首先导致上下颠簸，接着左右摇晃
	知识点拨	2分钟	请学生填写"地震波特征比较表"	学生根据课本材料填表	
	问题思考	3分钟	呈现"日本8.9级地震情境"材料，设计两道思考题	一位学生回答	学生能熟练且正确回答
3 小组合作	指导读图	6分钟	教师指导细节：首先读图名，然后看纵、横坐标（口头表达为"纵、横波"）；教师用两个实例检验学生是否会看图，提问三位学生	全体学生倾听；3位学生被提问	第一位能正确回答"1000km深处纵波和横波的速度"；第二位能答出"2000～3000km深处纵波和横波的速度变化情况"；第三位学生在教师的提示下，补充了"3000km深处纵波和横波速度的突变"
	读图思考（合作探究）	10分钟	教师要求前后排学生组成小组讨论，并要求小组代表汇报	小组讨论约五分钟后三位学生代表汇报	第一位回答"在2900km处往下物质为液体"，在说"地壳"时多次念"地壳（ké）"；第二位回答"在17～2900km深处由于是固体物质且密度大，纵、横波速度增大"；第三位回答"在17～2900km深处为地幔，上层为硅铝层，密度比下面的硅镁层密度小，故纵、横波速度增大"（三位学生回答的逻辑关系颠倒，教师没有纠正）
	归纳小结	4分钟	教师用PPT呈现地球内部圈层图和自制的教具（地球内部圈层图）归纳小结	全体学生倾听	

续 表5-3

教学环节	环节内容	时间分配	教师活动	学生活动	目标达成反馈
3 小组合作	成果展示	10分钟	教师要求学生填写地球内部圈层特征比较表，并要求学生回答	学生填表；两位学生被提问	第一位回答"地壳厚度不均，海拔越高地壳越厚"；第二位回答"地幔由固体物质组成，但有软流层"
	动手画图	2分钟	教师要求学生根据课本的文字描述，在课本P25图上画出软流层的位置	全体学生画	无
4 总结	课堂总结	1分钟	师问生答本节课的主要内容	学生齐答	基本能答出
5 练习	课堂练习	1分钟	要求做配套的计时检测中的选择题	学生做	下课铃响起，做了三道题匆匆下课

注：观察量表制定参考吴江林等主编《课堂观察LICC模式课例集》P37

根据观察结果分析并给出教学建议如下：

从时间分配来看，本节课重点突出，环节三小组合作部分共耗时32分钟，占41分钟的78%。但动手画图（画出软流层的位置）给的时间不够，没有反馈画图情况；课堂练习环节由于下课铃声已经响起，也显得匆忙。在实际教学中，即使预设了课堂练习环节，但时间不够时，也可以省略。

从师生活动来看，教师主要是设置情境、呈现材料、提出问题、引导学生学习、组织汇报和纠错等活动，较充分体现教师的主导地位。学生活动有全体学生的倾听、填写表格、动手画图，有分小组的讨论，也有八名学生发言等，较充分地体现学生的主体地位。

从目标达成的反馈来看，有的预设基本达成，有的预设部分达成，有的预设基本没有达成。①基本达成的有知识铺垫环节中对地震波的认识，小组合作环节中的指导读图、读图思考、成果展示等。学生能正确读图，能够描述或是在教师的提示下描述地震波的传播特点，能够较正确地填写地球内部圈层特征比较表。②部分达成的如动手画图环节，由于给的时间不够，教师没有组织反馈画图的情况，但观察四名学生画的情况，有三名都能画出软流层的大致位置，但位置不是很准确（基本画在地幔层的中间位置，而不是在上地幔顶部）。③基本没有达成的如导入新课环节呈现材料太快，很多学生还没有看完，激发学习兴趣的目的没有达到。另外，教师自制的教具（地球内部圈层图）进行归纳小结显得多余，因为这个教具仅是PPT中的图片的实物而已。

从教师对地理知识的理解来看，有些问题值得商榷。

一是没有强调"地震波是目前研究地球内部圈层结构最有效的工具"，是用地震波波速发生变化去推测地球的内部圈层结构，导致学生颠倒了逻辑关系："在2900km处往下物质为液体，所以横波突然消失""在17～2900km深处由于是固体物质且密度大，纵、横波速度增大""在17～2900km深处为地幔，上层为硅铝层，密度比下面的硅镁层密度小，故纵、横波速度增大"。

二是学生出现地理术语表达有误时，教师没有及时纠错，如"地壳（qiào）"几次念成"地壳（ké）"。

三是在指导读图时，把纵坐标和横坐标两次说成纵波和横波，学生茫然但没有人提出来，不知道是否是紧张造成的。

四是教师缺乏教学机智，当有一位学生说"地震波应该是向四周传播的"时，教师没有理会，只重复说"地震波会首先导致上下颠簸，接着左右摇晃"，实际上这位学生的说法是正确的。当课堂上出现预设之外的生成时，教师是否顺势引导？这些都是需要教师课后思考的问题。

建议改进本堂课中的部分教学环节。"导入新课"环节可以让一位学生读或全体学生齐读所给材料，激起学生学习兴趣，激发学生的探究欲望；"小组合作"环节中的"归纳小结"和"成果展示"教学顺序调换，因为"读图思考（合作探究）"可以马上展示成果，然后教师在引导学生点评成果时，可以一边点评一边进行归纳小结，紧凑而自然，也可以节约时间给"动手画图"环节。另外，虽然预设了"课堂练习"环节，但由于时间关系可以省略。

三、观察后反思

本次课堂观察活动，也是本课题首次有观察量表的课堂观察活动。进行课堂观察前，课题组与教研室李文老师进行了良好的交流和沟通，取得了初步成果，积累了实践经验。但实际操作过程中还是出现一些问题，如30多人分三组，每组人数太多，应该是每组三四人为宜；教师课堂观察的技术、技能不熟，位置选择有待优化，影响了课堂观察的效度和信度。可以设计任务更具体的观察量表，多实施观察积累经验。主要经验有以下两方面。

1. 课堂观察应"围绕主题"

课堂是一个复杂的系统，它由许多确定要素和许多不确定的事件、行为组成，教师要想系统、真实地记录课堂所发生的每个行为和情境，是不可能的。本次观察的主题是教学目标预设与达成，在设计观察量表时主要围绕它进行，设计的三个观察量表有两个都有"目标达成反馈（检测）"的内容，而诸如教材处理的有效性、师生互动的有效性、教师提问的有效性、教师的课堂语言表达如何等方面，没有或很少关注。

2. 观察量表要依据实际情况"量身制定"

"课堂观察"是一门特殊的技术，观察量表的制定是这一技术的核心。我们一方面借鉴了吴江林等主编《课堂观察LICC模式课例集》中的课例观察，另一方面，结合了被观察教师和被观察学生，以及教学内容等的实际情况，有的放矢地制定出观察量表。以前虽然市教研室组织开展过听评课活动，但制定观察量表的课堂观察还是第一次，在开展观察前也听了被观察教师的说课，对观察量表进行了说明等，但在实际操作过程中还是出现一些困难，本节课事先制定了三个观察量表，但只有笔者所在的小组能操作完成，原因有两个方面，一是大部分教师是第一次进行课堂观察，没有可借鉴的经验，二是观察量表操作性不强，这是更重要的原因。如"学习目标的达成"的观察量表，观察教师很难操作的原因分析有三个方面：

第一个方面，是因为教师在授课过程中，预设的四个教学目标没有明显的分界，观察教师难以把握。

第二个方面，是"学习目标呈现方式"和"情境创设"，有的是为了达成一个预设的目标，有的是为了达成两个甚至多个教学目标，观察教师一时难以分辨清楚，失去了观察时机。

第三个方面，是预设的部分教学目标难以检测，参与观察的教师无法观察是否达成。例如，"激发探究兴趣和动机""形成科学的地理观、空间观""培养树立热爱和保护地球环境的意识"等目标，这些目标就是无法通过观察来判断是否达成的，观察教师难以填写观察量表。

又如，"小组讨论的有效性"的观察量表，操作也较为困难。主要原因是太过于简单，指引性不强，导致观察教师难以把握，难以对观察量表进行有效记录。如果给出具体的指引（如学生交流参与度、交流时间？有多少人交流，交流的氛围，效果如何？目标达成情况？），就方便观察的教师进行记录了。因此，这次课堂观察量表的制定，可以说，有两个没有做到"量身定做"，需要做出改进。如表5-4、5-5所示。

表5-4 "学习目标的达成"课堂观察量表

预设教学目标	阅读了解地震波特征后，通过思考题检测学生是否能区分横波、纵波传播速度、运动方向和可通过的物质	运用地震波传播与地球内部圈层结构示意图，说明地球内部圈层的划分依据及其分界面，激发探究兴趣和动机；通过自制的地球内部圈层模型教具让学生感知地球	列表概括地球内部各圈层的特点，重点掌握地壳的厚薄分布规律，岩石圈、软流层的位置、范围，及其对人类活动的影响	通过小组合作完成对地球内部圈层结构的认识，形成科学的地理观、空间观，了解我们的生存环境，培养树立热爱和保护地球环境的意识
学习目标				
呈现方式				
情境创设				
学习活动				
教学环节				
教学目标				
达成检测				

表5-5 "小组讨论的有效性"课堂观察量表

	内容
讨论主题	
讨论进程	
讨论氛围	
讨论人数	
主要观点	
讨论时间	

第三节 对"教学目标预设与达成"的
地理课堂观察量表的改进使用

2014年11月，韶关市教育局地理教研室举行了一次高二的"教学目标的预设与达成"地理教研活动。课题组在教研室李文老师的支持下，于2014年11月20日在韶关市田家炳中学进行了课堂观察，与第一次的流程基本一样。

首先，设计课堂观察量表。市田中罗琼老师完成了"流域的综合治理与开发"的教学设计（附件3，本书第60页）。然后，课题组成员、教研室李文老师等根据定稿的教学设计，以"教学目标的预设与达成"为主题，设计了该内容的课堂观察量表。从教师提问的有效性、学习目标的达成、学习活动的有效性、教学环节的有效性等方面，设计了该内容的课堂观察量表。

其次，课前说课。在上课前，罗琼老师进行了该教学内容的说课活动，罗老师把该内容的课程标准、教材内容、学生学情等进行了说明，重点说明地理教学过程的设计及其设计目的。

最后，观课教师选择观察点。说课后，来参加活动的30多位教师按设计的观察量表分成四个大组，确定负责人。

一、改进观察量表后课堂观察的资料整理分析

（一）改进一：增加"教师提问的有效性"课堂观察量表

提问是课堂教学中重要的教学方法，提问的技巧关乎教学的效果，恰如其分地提问不但可以活跃课堂气氛，激发学生的学习兴趣，了解学生掌握知识的情况，而且可以开启学生心灵、诱导学生思考、开发学生智能、调节学生思维节奏，还可以与学生进行情感的双向交流。通过提问，还可以引导学生进行

回忆、对比、分析、综合和概括，达到培养学生综合素质的目的。

教师提问有效性的观察，需从"教师提问——学生回答——教师理答"角度做整体性判断。观察教师提问，首先要对其进行界定，我们认为，凡是能引起学生思考或需要学生主观判断的语言表达都是"教师提问"，但"是不是"之类的口头禅除外，观察时以实录的方式进行。观察学生回答，考虑学科特点和思考时间，则从回答的方式和角度进行观察。观察教师的理答，也从理答方式和角度展开观察。此外，问题的层次和指向，也是提问有效性的重要指标。依据以上分析，设计了表5-6，并得到了相关的观察结果。

表5-6 "教师提问的有效性"课堂观察量表及观察结果

教师提问（实录）	学生回答方式						教师理答方式					问题本身				
	思考时间	无应答	齐答	个别答	自由答	汇报	代答	不理	重复	鼓励	追问	层次			指向	
												识记	分析	评价	清晰	模糊
1. 图示流域的范围是什么颜色?	无		√							√		√			√	
2. 影响农业生产的自然条件有哪些?	短		√						√			√			√	
3. 田纳西河流域发展农业的气候（光热水）?	3			√							√		√		√	
4. 影响热量、光照的因素?	短				√						√	√			√	
5. 地形对农业的有利和不利影响?	2			√					√				√		√	
6. 发展工业的区位条件?	无						√					√			√	
7. 田纳西河流域发展工业的有利和不利条件?	2			√							√		√		√	
注：表中时间单位为分钟																

依据记录的资料进行了分析。分析结果见表5-7。

表5-7　资料分析情况

学生回答方式					教师理答方式					问题本身				
										层次			指向	
无应答	齐答	个别答	自由答	汇报	代答	不理	重复	鼓励	追问	识记	分析	评价	清晰	模糊
频次 0	2	3	1	0	1	0	1	2	3	4	3	0	7	0

（1）问题有层次，指向型清晰，有效性较强。从统计结果看，学生基本能根据教师的提问作答，"无应答"为0，问题层次在"识记"与"分析"层面，问题指向清晰。

（2）提问的思维层次搭配较合理。按照布卢姆目标分类说，提问可以分为六个层次的问题，有关知识识记、理解和运用的提问属于较低层次的思考水平，而有关分析、综合和评价的提问属于高层次的思考水平。从记录结果（四次识记、三次分析）来看，教师能在课堂教学中，围绕教学目标、根据教学内容和学生实际，设计不同思维水平的问题。

（3）理答方式态度积极。一般情况下，教师理答可简单地分为满意或不满意，满意的表现通常是称赞，不满意的表现通常是打断、代答、批评、不理睬或追问，重复答案则是教师强调或学生发言不够清晰，对学生回答不满意的种种表现中，追问是一种更积极的态度。罗老师七次提问中有两次鼓励、三次追问，理答方式态度积极。但是，从所给思考时间看，停顿时间少，提问后应多留意学生在思考、讨论过程中的反应，或予以适当的引导和提示，让学生有充分的时间思考问题和回答问题。

（4）总体设计的提问过少。本节课只记录七个提问，说明有些问题不具体、综合性强、跨度大，如果能对问题进行分解细化，课堂教学的推进会顺利得多。

（二）改进二："学习目标的达成"课堂观察表可观察和可检测

根据罗老师的说课和本节课的教学设计，我们要观察本节课的教学目标，需要考虑三个问题：

一是学生是否知道学习目标，如何知道的。

二是教学目标是通过哪些途径实现的，这就关系到情境创设、学生学习活动设计等要素。

三是教学目标达成检测。

据以上分析，主要从"知识与技能"和"过程与方法"角度设计了表5-8，并得到了观察结果。

表5-8 "学习目标的达成"课堂观察量表及观察结果

预设目标	了解流域的概念	从农业发展的角度，分析田纳西河流域开发的有利和制约条件
学习目标呈现方式	教师口述"什么是流域"	教师口述
情境创设（布置任务、背景材料、学习活动条件等）	PPT呈现"流域示意图"和"流域景观图"，讲解"分水岭""干流""支流"以及流域范围	1. 复习农业区位，并板书在黑板上 2. PPT呈现"田纳西河流域地形图"及"气温和降水量统计图"，要求学生根据发展农业的自然条件气候（光照、热量、降水）、地形、土壤、水源等，先独立分析田纳西河流域发展农业的有利和不利条件，然后再与其他同学交流，完善自己的答案
学习活动	在地图册中找出流域及明确田纳西河流域的范围	1. 学生根据"气温和降水量统计图"独立写出答案，然后再与其他同学交流 2. 学生根据"田纳西河流域地形图"独立写出答案，然后再与其他同学交流
教学目标达成检测	基本能找出田纳西河流域的范围	1. 气候角度分析基本能写出 2. 地形角度分析写出来的不多

根据观察结果分析并给出教学建议如下：

从学习目标呈现方式看，采用口述方式，合理。从情境创设看，比较恰当，如"了解流域的概念"提供了"流域景观图"和"流域示意图"，从直观到抽象，符合认知规律。"从农业发展的角度，分析田纳西河流域开发的有利和制约条件"提供了"田纳西河流域地形图"及"气温和降水量统计图"，重点突出，并复习农业区位因素，教师为学生自主独立学习做铺垫。

从学习活动看，有个体自主学习，有小组交流讨论，有展示点评，流程清晰。

从教学目标达成检测看，"了解流域概念"部分，学生能找出田纳西河流域的范围。但是，还可以请学生在PPT呈现的图中指出范围，目标达成检测情况更清楚。"从农业发展的角度，分析田纳西河流域开发的有利和制约条件"部分，气候特征能够写出，但哪些是对农业生产有利或不利的写出的少；地形特征不会从上、中、下游分开分析，地形对农业生产的影响基本写不出来。

改进建议有三点。一是可以找两位学生到黑板上写，有效暴露不足；二是活动的设计具体化，降低难度，保障学生能顺利完成活动，达成目标；三是有些难度较大的内容，可设置为填空或填表，节省时间，突出重点。

（三）改进三："学习活动的有效性"课堂观察表具体化和可量化

首先界定"学习活动"的含义，即教师处于相对静止状态下，学生相对独立的各种学习活动。影响学习活动的因素中，活动内容、活动形式、活动时间等，都对活动效果产生影响。据此，我们设计了表5-9，并得到了观察结果。

表5-9 "学习活动的有效性"课堂观察量表及观察结果

活动主题	分析田纳西河流域开发的气候条件	分析田纳西河流域开发的地形条件	分析田纳西河流域工业发展条件
独立活动描述：观察多少学生？是独立思考完成，还是照抄资料完成？多长时间？根据什么资料？任务完成情况怎样？目标达成情况如何？	观察八人，用时五分钟，三人独立完成（其中两人用了教辅资料照抄答案），三人未动，两人画书。写得简单，只能写出降水充沛，夏季高温冬季低温	观察八人，用时四分钟，一人写、一人未动、六人在书上画	观察八人，用时一分钟，一人独立写、三人看教辅资料照抄答案、三人未动、一人画书
交流活动描述：学生交流参与度、交流时间？多少人交流，交流的氛围，效果如何？目标达成情况？	八人中两人有交流，用时两分钟，参与度较低，交流后未做完善	八人中四人有交流，用时两分钟，交流后未做完善	教师没有给时间交流

根据观察结果分析并给出教学建议如下：

活动设计有铺垫、独立思考、交流讨论、展示点评等环节，层层深入，层次清晰，用时14分钟，占本节课总时间的35%，体现了学生主体的理念。

三个"独立活动"环节中，均有学生或是未动手，或是抄教辅资料，或是只能写出零散的气候或地形特征，分析不出哪些是有利和不利的农业或工业生产条件。导致后面的"交流活动"积极性不高、参与性不够，交流后也没有完善补充。故此，学习活动的有效性不理想。

究其原因有三：一是教师引导不够，学生自己分析无从下手，虽然前面有"方法点拨"的铺垫，但仅是必修（二）"农业（工业）区位因素"，而不会具体分析一个区域"流域"发展农业（工业）的有利和不利条件；二是高二学生刚开始学习"区域可持续发展"，基础薄弱、能力不足，加上教师的设问不具体，且综合性较高，学生不会分析；三是部分学生还没有养成这种学习习惯，还在等老师讲解，等着抄写老师的板书。

建议改进活动的设计，可以减少一个活动，把第一个活动改为教师引导学生分析，然后让学生"参照"或"模仿"分析；或是"搭支架"，每个活动均设计出具体的问题。比如，就流域内农业生产的气候条件来说，可以设计成以下问题：①根据田纳西河流域气温和降水量统计图，写出田纳西河流域气温和降水的分布特征；②田纳西河流域发展农业生产的热量和光照条件如何？③田纳西河流域发展农业生产的降水条件如何？④田纳西河流域容易产生什么气象灾害？等等。

（四）改进四："教学环节的适切性"课堂观察表有利于描述性观察

从本节课的教学设计看，整节课可以分为四个环节，除了教学内容与环节的设计外，课堂上教学时间的分配、教师的教学活动、学生的学习活动等，也是教学目标达成的重要因素。同时，目标的达成度也需要通过课堂的实际情况进行反馈与分析。设计了表5-10，并得到以下观察结果。

表5-10 "教学环节的适切性"课堂观察量表及观察结果

环节	环节内容	教学环节描述（时间分配、教师活动、学生活动、目标达成反馈）
1.导入新课	新课导入	教师展示世界古文明发源地，讲述河流对人类活动的密切关系；接着要求学生齐读课标，教师解读课标（条件、内容和对策），然后说明本节课侧重流域自然条件分析。用时两分钟
2.了解概念	展示图片布置任务	PPT展示"流域示意图"和"流域景观图"，讲解"分水岭""干流""支流"，以及流域范围；要求学生在地图册上找出田纳西河流域；对比治理前后（治理前后的景观图）的田纳西河，教师讲解田纳西河治理成功。用时约五分钟
	学生活动	
	教师小结	

环节	环节内容	教学环节描述（时间分配、教师活动、学生活动、目标达成反馈）
3.探究学习	方法点拨	影响农业区位选择的自然条件有哪些？学生齐答教师板书。用时两分钟
	学生活动之独立分析	活动一：学生根据田纳西河流域的气候统计图独立写其气候特征，用时五分钟。（学生写的时候，教师巡视并不断提示：气候对农业生产有什么用呢？原因是什么？） 活动二：学生根据田纳西河流域地形图独立写出地形特征，用时四分钟 交流一：教师要求一分钟交流。八人中两人有交流，实际用时两分钟，参与度较少，交流后未做完善 交流二：教师要求1分钟交流。八人中四人有交流，用时两分钟，交流后未做完善
	展示点评	重点观察教师的点评（观察教师的语言是不是画龙点睛，点评学生材料运用是否恰当，能否准确提取信息，分析思路是否清晰，语言表述是否清晰准确，能否激发学生的求知欲，能否给出恰当的评价） 展示点评一：教师先请一位学生阐述其答案——从图中看出降水充足，地处亚热带，光照充足，但降水分配不均匀，易洪涝。教师再重复一次答案，提示是否有利于农业生产？该学生说雨热不同期（降水在冬春，夏秋少）。教师鼓励学生说讲得好，又讲述热量与纬度有关，举例说明青藏高原光照强（"热量"与"光照"的本质区别没有说清楚）。共六分钟 展示点评二：教师请一位学生阐述其答案——中上游海拔较高，起伏大，发展水能。教师提示不是发展农业的条件，该学生继续回答——下游平原平坦，发展种植，上游起伏大，水土流失严重。教师再请另一学生回答——河流落差大，有利于修水库灌溉；旁边同学再补充——流域内山多，陆上交通不便。教师再次提示不是发展农业的条件，然后自己分析流域上、中、下游地形对农业的影响。共六分钟
4.学以致用	方法运用、表述规范、科学性等	学生根据田纳西河流域地形图、气候图和矿产分布图等，分析发展工业的条件，用时四分钟。教师要求一分钟交流，由于时间接近下课，刚开始就停止，请一位学生阐述其答案——矿产丰富、市场广阔、劳动力丰富，对发展工业有利，地形起伏大，交通不便。教师说所给图中没有市场和劳动力信息，依据矿产图矿产资源枯竭。已下课，用时三分钟。表述不够规范，对工业的条件分析不知从哪下手

根据观察结果分析并给出教学建议如下：

从时间分配来看，本节课重点突出，环节三和环节四共耗时33分钟，占40分钟的82.5%。环节三有两个探究活动，预设的独立分析时间均为两分钟，但实际都已超时，分别用时5分钟和4分钟。因为环节三实际用时超出预设，导致环节四的时间不够，一是没有交流时间，二是分析不到位。

从教师活动来看，其所采用的素材丰富，共九幅图和一个课标解读，以分析农业和工业为切入点，设计思路新颖。

但是，部分设问不够清晰。例如，活动一是从气候角度分析，但学生写了地形等，说明教师没有强调关键点；分析发展工业的条件时，学生也没有结合所给材料，只是泛泛地写了市场、劳动力等方面内容。黑板上的板书思路清晰，但太过于简单，PPT上的内容虽然完整，可是一晃而过，没有给学生足够的时间；点评流域的概念不到位，没有在图中指出；光照和热量只点明了现象，没有说明原因；对图表中的信息提取缺乏指导，如没有具体指导用气温和降水统计图分析流域的气候特征；对学生生成的问题没有及时引导，如学生不会从流域上、中、下游的地形特征分析对农业的影响。

从学生活动来看，探究活动中，学生三次独立分析用时13分钟，基本只能列举气候或地形特征，不会根据所给材料分析，而且不完整、缺乏条理性，还没有掌握分析方法，不会根据所给材料分析对农业或工业的影响；三个交流活动用时七分钟，交流气氛不热烈，参与度不够。

从目标达成反馈来看，有的预设基本达成，有的预设部分达成，有的预设基本没有达成。基本达成的是了解概念环节，均能在地图册上指出田纳西河流域的范围；部分达成的，如对田纳西河流域发展农业生产的气候条件分析，能够分析降水特征的影响，但对热量和光照的区别没有弄清晰；基本没有达成的，如对发展农业的地形条件分析和发展工业的条件分析，主要是缺乏方法的指导，对于发展农业的地形条件分析，教师请了三位同学，都没有分上、中、下游阐述，教师只得自己从上、中、下游分析各自的特征和适宜发展何种农业生产。另外，教师预设的活动时间在实施中均超时，导致目标达成效果大打折扣。

建议改进本堂课中的部分教学环节。"导入新课"环节，对课标虽然进行了解读，但本节课的学习任务还不够具体，故可以把本节课的学习目标呈现出来，明确具体的学习任务或要求。

　　"探究活动"环节和"学以致用"环节均采用"学生独立分析——学生交流探讨——师问生答展示点评"的流程，这有两个弊端。一是形式单调，学习过程枯燥；二是学生虽有"方法点拨"设计，但没有运用过程的"参照（模仿）"，只能零散地写出气候或地形特征，很难写出对农业生产有何影响。因为本节课的重点不是分析流域的气候或地形特征，而是流域内发展农业的有利和不利的气候或地形条件，故此，可以设计为教师引导学生分析流域内农业生产的气候条件，让学生有了对分析过程的"参照"，再按上述流程分析流域内农业生产的地形条件和工业生产的条件。这样，可以避免大部分学生不知从何下手的尴尬。

二、改进观察表后课堂观察的反思

1. 优化课堂观察量表，增强可操作性

　　本次课堂观察活动与第一次相比较，取得了显著进步，体现在两个方面。一是有了第一次的观察经验，教师的观察技术和技能明显提高了，选择观察位置也有了针对性；二是设计的课堂观察量表任务具体、可操作性增强。

　　表5-10与表5-3比较，有两个方面的改进，一是由原来的分三列的"教师活动""学生活动""目标达成反馈"改为一列"教学环节描述（时间分配、教师活动、学生活动、目标达成反馈）"。课堂活动中，有时是教师活动，有时是学生活动，而有时又有师生互动，分三列不便于参与观察的教师进行具体描述，改为一列后，观察教师对于课堂活动的描述不受拘泥，操作灵活得多；二是在对应"展示点评"一栏，增加了描述的指导语——重点观察教师的点评（教师的语言是不是画龙点睛，点评学生材料运用是否恰当，能否准确提取信息，分析思路是否清晰，语言表述是否清晰准确，能否激发学生的求知欲，能否给出恰当的评价），认为其描述思路更清晰、更具体。表5-8与表5-4比较，也有两个方面的改进，一是"情境创设"一栏，改为"情境创设（布置任务、背景材料、学习活动条件等）"，用括号形式增加了具体的描述方向；二是主要从"知识与技能"和"过程与方法"的角度观察预设目标，使得目标可观察、可检测。

　　表5-9与表5-5比较，同样有两个方面的改进。

　　首先，用"学习活动的有效性"观察量表代替"小组讨论的有效性"观

察量表。因为"学习活动"既包含"小组讨论"，也包含学生"独立活动"。

其次，罗列观察的内容。例如，从"观察多少学生？是独立思考完成，还是照抄资料完成？多少时间？根据什么资料？任务完成情况怎样？目标达成情况？"等方面，描述学生"独立活动"；从"学生交流参与度、交流时间？多少人交流，交流的氛围，效果如何？目标达成情况？"，描述学生之间的"交流活动"。

2. 评课活动"用证据说话"

观察是对教学自然生态的介入，而观课教师的教学理念、观察方法、技术和技能等各有差异，观察数据的信度和效度不可避免地受到主客观因素的影响。观课教师在课后会议评课时，注重"用证据说话"，而非简单的价值判断。

例如，"教师提问的有效性"方面，观察教师用统计数据说明"教师理答方式"和"学生回答方式""证据"充分，分析有据，令人信服。

又如，"学习活动的有效性"方面，观察教师在观察表中大量使用数据说明学生活动情况，这样描述"独立活动"情况——"观察八人，用时五分钟，三人独立写（其中，两人用了教辅资料照抄答案）、三人未动、两人画书。写得简单，只能写出降水充沛，夏季高温冬季低温。""证据"确凿，学生的学习状态一目了然。

当然，在运用证据时，要考虑课堂观察的特性，应将重点置于证据产生的可能原因的分析上，反思自己的教学理念。推论的可靠性来源于证据，有多少证据，做多少推论，既不要拔高，也不要低估。

3."教学目标预设与达成"的地理课堂观察流程总结

本次课堂观察从教师提问的有效性、学习目标的达成、学习活动的有效性、教学环节的有效性等四个方面确定观察点，体现了课堂的四要素——学生学习（Learning）、教师教学（Instruction）、课程性质（Curriculum）和课堂文化（Culture）。

所以，可以总结"教学目标预设与达成"的地理课堂观察流程，如图5-5所示。

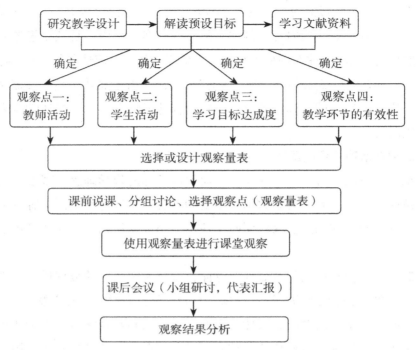

图5-5 "教学目标预设与达成"的地理课堂观察流程图

附件3：

"流域综合治理与开发——以田纳西河流域为例"教学设计

韶关市田家炳中学 罗 琼

【课标要求】

以某流域为例，分析该流域开发的地理条件，了解该流域开发建设的基本内容，以及综合治理的对策措施。

【教材内容分析】

本节是湘教版地理必修（三）第二章"区域可持续发展"第三节"流域综合治理与开发——以田纳西河流域为例"，包括四部分内容。

第一部分，介绍了田纳西河流域发展的地理条件，开发前流域的状况，以及人口、经济发展基础等人文地理条件。

第二部分，在上述分析的基础上，进一步分析了该流域各地理环境要素对于发展的有利和制约因素——水资源的综合治理与开发，并根据其发展的有利因素探寻该流域发展的方向。介绍其发展的主要内容时，根据其制约因素探寻综合治理的对策。学习这部分内容，帮助学生通过分析区域存在的环境与发展问题，和资源利用中不合理的问题，把造成环境问题的各方面因素联系起来，了解产生环境和发展问题的症结，从而找到环境综合治理的有效对策，这是本节的重点。

第三部分介绍的是今天的田纳西河流域，教材以较短的篇幅介绍了治理后的田纳西河流域，自然环境发生了很大的变化，告诉我们一个道理，人类的发展必须与资源、环境相协调。

第四部分，介绍了田纳西河流域综合治理与开发的经验。我国有许多大江大河，过去人类的开发很不合理，造成自然环境破坏严重。现在，长江流域、黄河流域、珠江流域等，都正在继续开发整治，美国田纳西河的整治卓有成效，可供借鉴。这就要求学生通过这部分内容的学习探究出流域整治的一般方法和过程。因此，这部分内容是本节教材的又一个重点。本节的难点是田纳西河流域的环境问题，及其综合治理措施。

【学情分析】

本课教学的对象是高二（12）班学生，本校的生源地理基础知识相对薄弱，对地理现象的分析能力及读图能力较弱，而高二（12）班作为平行班，学生基础知识存在较大的差异。但学生整体学习积极性较高，有些学生对地理有浓厚的学习兴趣。因此，本教学中突出发挥学生学习的积极性和合作学习。

【教学目标】

（一）知识与技能

1. 知识目标

（1）了解河流、流域、水系、干支流等基本概念。

（2）了解田纳西河流域开发的有利和制约条件。

（3）了解田纳西河流域开发建设的基本内容。

（4）掌握美国田纳西河流域开发与治理的措施。

（5）了解美国田纳西河流域开发整治的一般方法、过程。

2. 技能目标

（1）列表比较治理前后田纳西河流域的经济和环境状况。

（2）从农业、工业、旅游业发展的角度，分析田纳西河流域开发的有利和制约条件。

（3）学会通过案例分析，评价流域综合开发与治理的对策和措施。

（4）归纳出流域整治与开发的一般方法和过程。

（二）过程与方法

（1）通过田纳西河流域治理前后的地理环境与社会经济发展现状差异的分析，学会以辩证和发展的观点来分析地理问题，逐渐树立学生辩证唯物主义认识论的科学观念。

（2）运用多媒体辅助教学手段，结合学生讨论过程，引导学生总结田纳西河流域综合治理与开发的成功经验，并借鉴他们的成功经验，指导我国流域综合治理与开发。

（三）情感、态度与价值观

培养学生从可持续发展的角度认识环境和资源的关系，培养对环境、资源负责的观念和行为，还要关心我国的基本地理国情，增强保护生态环境的意识。

【教学重点难点】

1. 重点

（1）田纳西河流域的环境问题及其综合治理措施。

（2）探究流域开发整治的一般方法和过程。

2. 难点

田纳西河流域的环境问题及其综合治理措施。

【课时安排（两课时）】

第一课时：从农业、工业、旅游业发展的角度，分析田纳西河流域开发的有利和制约条件，及开发中存在的问题。

第二课时：田纳西河流域综合治理与开发，以及流域治理与开发的经验。

【教法和学法】

1. 教法

演示法、读图观察法、比较法、讨论及练习。

2. 学法

学生通过读图、阅读材料、分析、比较、探究、归纳得出结论，培养观察能力、读图和用图能力。

【教学过程设计】

教学环节一：新课导入

同学们，我们知道四大文明古国的发源地都位于大河流域，河流为人类的生存和发展提供了水源，同时，人类对河流流域的不合理开发，又会给人类带来严重的灾难。那么，人类应该怎么样保护和开发河流流域呢？今天这节课，我们就来学习一下"流域综合治理与开发——以美国田纳西河流域为例"，请大家打开课本第47页。

教学环节二：展示教学目标

1. 教学目标

（1）了解流域、水系、干支流等基本概念。

（2）列表比较田纳西河流域治理前后的经济和环境状况。

（3）从农业、工业、旅游业发展的角度，分析田纳西河流域开发的有利和制约条件。

（4）学会通过案例分析，评价流域综合开发与治理的对策和措施。

（5）归纳出流域整治与开发的一般方法和过程。

2. 教师活动

教师出示课件，并讲解本节的教学目标。

3. 学生活动

观看课件并认真听教师讲解。

设计意图：目标是学习的方向。明确学习目标后，学生学习起来更有针对性，可以提高学习的效率。

教学环节三：了解基本概念

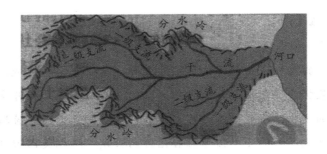

1. 承接

同学们，读上面两幅图，了解什么是流域、水系、干支流。

2. 教师活动

多媒体展示图片，布置学习任务。

3. 学生活动

在图中找出流域、水系、干支流。

4. 教师小结

流域：由分水岭所包围的河流集水区域。

水系：由干流、若干级支流组成的河网系统，又称为"河系"。

干流：由两条以上大小不等的河流以不同形式汇合，构成一个河道体系。干流是此河道体系中级别最高的河流，它从河口一直向上延伸到河源。

支流：流入干流的河流叫作一级支流，流入一级支流的河流叫作二级支流，其余依此类推。

教学环节四：列表分析治理前后的田纳西河流

材料一：课本48页，第一段材料。

材料二：课本49页"今天的田纳西河流域"。

材料三：美国不同的州，都各自有其车牌规格，且大多都会加上自己州内的环境或生物特色。下图为田纳西的车牌。

田纳西的车牌

1. 教师活动

教师展示和指定阅读材料，要求学生从材料中提取信息，对比田纳西河治理前后的经济和环境状况。然后分别点两名学生来完成经济状况和环境状况分析，教师对学生的回答做点评。

2. 学生活动

按要求完成田纳西河治理前后对比表格。

田纳西河治理前后对比

	昨日的田纳西河流域	今日的田纳西河流域
经济状况	生产力水平低下，流域的开发仅限于航运，是美国东部最贫穷落后的地区之一	成为综合性工业基地，形成庞大的航运网，人均收入不断提高，达到全美平均水平
环境状况	水土流失，土地大面积荒芜，洪水泛滥	洪水灾害得到控制，环境优美，森林覆盖率达到60%

设计意图：通过材料的对比，可以分析出治理前后的田纳西河流域发生了巨大的变化，从而说明为什么在讲"流域的综合治理与开发"要以美国的田纳西河为例，学生一定能理解，是因为田纳西河流域的治理很成功，教师进一步设问"田纳西河流域是怎样走向成功的？"问题设置由浅入深，符合学生的思维方式。

教学环节五：小组合作

承接：从前面对比分析田纳西河治理前后的经济和环境状况。我们知道，田纳西河流域从一个穷山恶水的地区变成了今天生态优美的风景区，田纳西河流域的治理是一个非常成功的例子，为其他区域流域的治理提供了借鉴经验。现在我们一起来学习一下，田纳西河流域开发的有利和不利条件。

田纳西河流域开发条件分析：

任何一个区域的开发，开发者都会去考虑这个区域是否有发展工农业的有利条件，以及开发过程有哪些限制性条件。

现在，请学生以小组为单位，来分析一下田纳西河流域在发展农业、工业、旅游业方面有哪些有利和不利条件。

材料一：田纳西河流域的地形图［参见高中地理教材必修（三）（湖南教育出版社）P47图2-14］。

材料二：田纳西河流域的资源分布［参见高中地理教材必修（三）地图册

（星球出版社和湖南教育出版社）P24"田纳西河流域地形与矿产分布图"〕和降水柱状图。

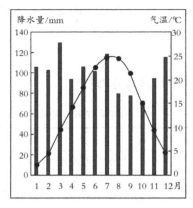

田纳西河流域降水柱状图

学习要求：结合材料一、材料二，及课本47页的相关内容，分析田纳西河流域在发展农业、工业、旅游业方面有哪些有利和不利条件。

1. 学生活动

每个小组把自己的讨论结果记录在展示牌上。

2. 教师活动

教师巡视指导，选两个小组的成果投影出来，其他小组进行评价，指出该小组的优点和不足，并对其不足进行修改。然后教师再做最后的评价。

设计意图：学生在必修（二）中已经学习过工农业发展的区位条件分析的知识，在必修（三）的美国农业中对美国的地形、气候有具体的讲解。所以，学生具备学习的知识储备。通过小组合作的方式，可以充分发挥学生的合作精神，然后通过启发，让学生自己去发现问题，再解决问题。整个过程，教师只是一个引导作用，充分发挥学生的主体作用。

3. 方法点拨

发展农业的重要条件是光、热、水、土，发展工业的重要条件是资源、动力、交通等，发展旅游业最重要的条件是独特的自然风光和人文景观。知道这些以后，就可以根据提供的材料，分析田纳西河流域是否有发展农业、工业、旅游业的有利条件，及限制性条件有哪些。

4. 练习

（1）关于流域和水系的说法正确的是（　　　）

　　A. 流域是由一个水系的干流和支流所流过的整个地区

　　B. 水系是由河流分水岭所包围的范围

　　C. 流域是一种特殊的区域，它的各组成部分之间的联系非常密切

　　D. 水系是一种特殊的区域，它的各组成部分之间的联系非常密切

（2）田纳西河的主汛期出现在（　　　）

　　A. 5—7月　　　　　　　　　B. 6—9月

　　C. 12月—次年4月中旬　　　D. 9—11月

（3）关于田纳西河水量的变化及其影响的说法，正确的是（　　　）

　　A. 河流水量丰富而均匀，利于航运

　　B. 河流落差小，流量稳定，水能资源少

　　C. 河流的支流众多，但水量不足

　　D. 河流水量不稳定，且河道狭窄、落差较大，利于筑坝修建水库

（4）关于田纳西河流域自然环境的叙述，正确的是（　　　）

　　A. 位于美国东南部，是密西西比河水量最大的一条支流

　　B. 河流发源于落基山脉的东坡

　　C. 流域内地形起伏较大，水力资源丰富

　　D. 地处大陆内部，降水较少，河流流量很小

教学环节六：独立思考

田纳西河流域的综合治理与开发：

承接：前面学生已经分析出田纳西河流域开发的不利条件及治理前出现的问题，现在请大家根据前面所学归纳总结，田纳西河流域开发存在的问题。

总结：

（1）地势落差大，限制航运的发展。

（2）降水集中，河水流量季节变化大，容易形成洪涝灾害。

（3）工业以采矿业为主，产业层次低，结构单一。

（4）土地大面积荒芜。

（5）植被破坏和水土流失严重。

1. 教师活动

面对这些问题，田纳西河流域是怎么进行治理与开发的呢？请同学们阅读P48～P50归纳出田纳西河的治理对策，同时思考以下问题。

2. 问题

（1）什么是梯级开发（读地图册"田纳西河流域梯级开发示意图"）？田纳西河梯级开发工程对防洪有什么重要意义？（教师需给学生解释梯级开发）

（2）田纳西河流域确定工业项目的依据是什么？该流域有哪些重要的工业部门？（学生阅读P48的活动材料"田纳西河流域的工业建设"）

（3）田纳西河流域农业发展是如何实现因地制宜的？（学生阅读P49材料"田纳西河流域农业发展"）

（4）当地政府在环境保护方面做了哪些努力？

（投影下图，让学生针对问题，找出对策）

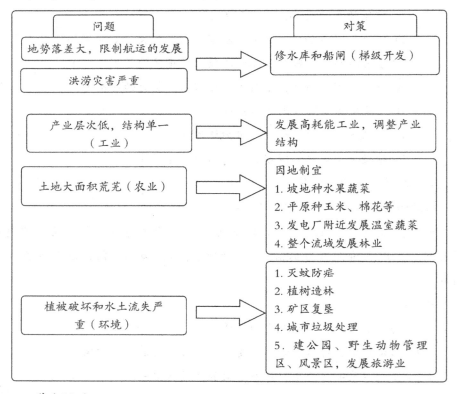

3. 学生活动

独立阅读课本并思考问题。

4. 教师活动

巡视学生是否在按要求学习。然后选择优、良、弱这三个等级的学生来展示他们思考的结果,其他同学一起来找问题。

设计意图:这部分是本节的重点内容,设计成学生独立思考,主要检测学生分析材料和提取信息的能力。

教学环节七:师生共同活动

承接:我们已经全面学习了美国田纳西流域的开发条件、存在的问题,及综合治理与开发的对策。我们的学习目标,不仅仅是掌握田纳西的治理与开发,更重要的是,学会知识的迁移,掌握流域综合治理与开发的一般方法。

田纳西河流域治理与开发的经验:

1. 教师活动

布置学生阅读P50,归纳田纳西河流域治理与开发的经验,然后师生共同总结归纳。

2. 学生活动

阅读P50,归纳田纳西河流域治理与开发的经验。

总结归纳流域综合治理的一般方法。

3. 课堂小结

本节我们学习的主要内容是田纳西河流域开发的有利和不利条件分析,及开发中存在的问题,针对问题的治理对策。最重要的是,掌握流域开发条件分析的方法及综合治理与开发经验。现在,请同学们完成以下练习。

【课堂练习】

略。

【作业布置】

本节练习册。

【本节课的反思】

本节课成功的地方:

需要改进的地方:

板书：

一、田纳西河流域开发条件分析

1. 农业

有利条件：流域下游为冲积平原，地形平坦，土壤肥沃；位于亚热带，光热充足，且冬春降水丰富。

不利条件：地势落差大、降水集中，河水流量季节变化大，容易形成洪涝灾害和水土流失。

2. 工业

有利条件：水能资源、煤炭产能、石油资源丰富，可发展动力指向型工业。

不利条件：产业结构单一、矿产资源有限。

3. 旅游业

有利条件：优美的自然风光。

不利条件：交通不便、环境破坏严重。

二、田纳西河流域综合治理与开发

（1）成立田纳西河流域管理局。

（2）水资源综合开发。（治理核心）

（3）电力先行，发展高耗能工业，并不断进行产业结构优化调整，形成工业走廊。

（4）因地制宜，全面发展农林牧渔业。

（5）重视环境保护。

（6）发展旅游业。

三、田纳西河流域治理与开发的经验

（1）设置专门的开发机构，健全法规，完善管理。

（2）因地制宜地选择开发重点，形成各具特色的开发模式。

（3）不断加大开发力度。

（4）提高流域的开放度。

第四节　开发的地理课堂观察量表

课例一 "地球的圈层结构" 观察量表（市二中高一新授课研讨）[①]

表5-11　教学环节的适切性

教学环节	环节内容	时间分配	教师活动	学生活动	目标达成反馈
1	导入新课				
2	概念初探				
	知识点拨				
	问题思考				
3	指导读图				
	读图思考				
	合作探险				
	归纳小结				
	成果展示				
	动手画图				
4	课堂总结				
5	课堂练习				

[①] 高中地理教材（湖南教育出版社）必修（一）第一章第四节。

表5-12　学习目标的达成

预设教学目标	阅读了解地震波特征后，通过思考题检测学生，是否能区分横波、纵波传播速度，运动方向，可通过的物质	运用地震波传播与地球内部圈层结构示意图，说明地球内部圈层的划分依据及其分界面，激发探究兴趣和动机；通过自制的地球内部圈层模型教具，让学生感知地球	列表概括地球内部各圈层的特点，重点掌握地壳的厚薄分布规律，岩石圈、软流层的位置、范围，及其对人类活动的影响	通过小组合作完成对地球内部圈层结构的认识，形成科学的地理观、空间观，了解我们的生存环境，培养热爱和保护地球环境的意识
学习目标呈现方式				
情境创设				
学习活动				
教学环节				
教学目标达成检测				

表5-13　小组讨论的有效性

项目	内　容
讨论主题	
讨论进程	
讨论氛围	
讨论人数	
主要观点	
讨论时间	

课例二 "流域综合治理与开发"观察量表（市田中高二新授课研讨）①

表5-14 教师提问的有效性

教师提问（实录）	学生回答方式						教师理答方式					问题本身				
	思考时间	无应答	齐答	个别答	自由答	汇报	代答	不理	重复	鼓励	追问	层次			指向	
												识记	分析	评价	清晰	模糊
1																
2																
3																
4																
5																
6																

说明：观察量结果分析及教学建议。

表5-15 学习目标的达成

预设教学目标	了解流域的概念	从农业发展的角度，分析田纳西河流域开发的有利和制约条件	备注
学习目标呈现方式			
情境创设（布置任务、背景材料、学习活动条件等）			
学习活动			
教学目标达成检测			

说明：观察量结果分析及教学建议。

表5-16 学习活动的有效性

活动主题	活动一	活动二	活动三
独立活动描述：观察多少学生？是独立思考完成，还是照抄资料完成？多长时间？独立学习根据什么资料？任务完成情况怎样？目标达成情况？			

---

① 高中地理教材（湖南教育出版社）必修（三）第二章第三节。

续 表5-16

活动主题	活动一	活动二	活动三
交流活动描述：学生交流参与度、交流时间？有多少人交流，交流的氛围，效果如何？目标达成情况？			

说明：观察量结果分析及教学建议。

表5-17　教学环节的有效性

环节	环节内容	教学环节描述（时间分配、教师活动、学生活动、目标达成反馈）
1. 导入新课	新课导入	
2. 了解概念	展示图片 布置任务	
	学生活动	
	教师小结	
3. 探究学习	方法点拨	
	学生活动之独立分析	
	学生活动之交流活动	
	展示点评	
4. 学以致用	方法运用、表述规范、科学性等	

说明：观察量结果分析及教学建议。

课例三 "流域综合治理与开发"观察量表（市一中高二复习研讨课）①

表5-18　教师提问的有效性

教师提问（实录）	学生回答方式						教师理答方式					问题本身				
	思考时间	无应答	齐答	个别答	自由答	汇报	代答	不理	重复	鼓励	追问	层次			指向	
												识记	分析	评价	清晰	模糊
1																
2																

① 高中地理教材（湖南教育出版社）必修（三）第二章第三节。

续 表5-18

教师提问（实录）	学生回答方式						教师理答方式					问题本身				
	思考时间	无应答	齐答	个别答	自由答	汇报	代答	不理	重复	鼓励	追问	层次			指向	
												识记	分析	评价	清晰	模糊
3																
4																
5																
6																
7																
8																

说明：观察量结果分析及教学建议。

表5-19 学习目标的达成

预设教学目标	查找资料，说出流域的概念及河流的水文、水系特征	运用图文材料，分析田纳西河流域的自然地理环境的特征	分析田纳西河流域自然要素中，对流域发展的有利与不利因素	通过以上分析，提出流域开发的方向，推测开发中可能出现的问题，探究综合治理的措施
学习目标呈现方式				
情境创设（布置任务、背景材料、学习活动条件等）				
学习活动				
教学目标达成检测				

说明：观察量结果分析及教学建议。

表5-20　学习活动的有效性

活动主题	写出流域的概念，河流水文、水系特征包括的内容	结合图文分析田纳西河流域自然要素的特征	分析河流发展的有利或不利因素	根据有利条件提出流域的开发方向	根据不利条件推测可能出现的问题并提出措施	考点迁移
独立活动描述： 1.观察几个组、多少学生？ 2.学生是独立思考、看课本，还是照抄资料完成？ 3.预设几分钟？实际几分钟？ 4.独立学习根据什么资料？ 5.任务完成多少？正确率如何？ 6.目标达成情况？						
讨论活动描述： 1.观察几个组、多少学生讨论？ 2.讨论时间多长？讨论的氛围、效果如何？ 3.讨论几个问题？是不是教师布置的问题？ 4.目标达成情况如何？						

说明：观察量结果分析及教学建议。

表5-21　教学环节的有效性

环　节	环节内容	教学环节描述（时间分配、教师活动、学生活动、目标达成反馈）
1.明确要求、确定重点	学生画出课标关键词	
2.明确概念，说出河流的水文、水系特征	查找资料独立完成学案	
	学生回答、补充老师点评	
3.考点回归	教师讲述	
	学生讨论田纳西河流域自然要素的特征	

续 表5-21

环　节	环节内容	教学环节描述（时间分配、教师活动、学生活动、目标达成反馈）
3.考点回归	展示点评	重点观察授课教师的点评（教师的语言是不是画龙点睛，点评学生材料运用是否恰当、能否准确提取信息、分析思路是否清晰、语言表述是否清晰准确、能否激发学生的求知欲，能否给出恰当的评价）
	教师讲述	
	学生讨论田纳西河流域发展的有利和不利条件、发展方向、治理措施	
	展示点评	
4.方法总结	方法运用、表述规范、科学性等	
5.考点迁移	练习题（四个小问题）	

说明：观察量结果分析及教学建议。

课例四 "洋流"观察量表（市五中高二复习研讨课）①

表5-22　教师提问的有效性（观察者＿＿＿＿＿＿）

教师提问（实录）	学生回答方式						教师理答方式					问题本身				
	思考时间	无应答	齐答	个别答	自由答	汇报	代答	不理	重复	鼓励	追问	层次			指向	
												识记	分析	评价	清晰	模糊
1																
2																
3																
4																
5																

① 高中地理教材（湖南教育出版社）必修（一）第二章第四节。

教师提问（实录）	学生回答方式						教师理答方式					问题本身				
	思考时间	无应答	齐答	个别答	自由答	汇报	代答	不理	重复	鼓励	追问	层次			指向	
												识记	分析	评价	清晰	模糊
6																
7																
8																
9																
10																
11																
12																

实录提问时，请进行归类。例如，属于洋流概念的、洋流规律的等；或是按教学进程，如属于活动一的、活动二的等

说明：观察结果分析及教学建议。

表5-23　学习目标的达成（观察者_____）

预设教学目标	了解洋流、寒暖流概念并能运用其判断洋流的流向及性质	对照世界洋流分布图和全球风带图，绘制全球洋流分布模式简图，归纳世界洋流分布的规律	根据世界洋流分布规律，判断洋流的流向及性质
学习目标			
呈现方式			
情境创设（布置任务、背景材料、学习活动条件等）			
学习活动			
教学目标			
达成检测			

说明：观察结果分析及教学建议。

表5-24　教师对课堂教学中学生错误的指导（观察者_____）

学生的错误（实录）	教师对学生错误后的反应分类				
	1. 知识性错误	2. 表达的错误（文字表述、图形等）	3. 绘图的错误	4. 思考不全面	5. 未把握问题的指向

教师的反应：①赞许（如虽然错误但有想法）；②接纳（微笑，偏重肯定性语气）；③中性（倾听、观察寻找问题根源）；④未发现的错误

教师的行为：①鼓励；②引导；③换其他同学回答；④教师自己指正；⑤进行解释和说明；⑥由同伴补充完善（合作学习时）；⑦最终明确正确解答

说明：观察结果分析及教学建议。

表5-25　教学环节的有效性（观察者_____）

环　节	环节内容	教学环节描述（时间分配、教师活动、学生活动、目标达成反馈）
1. 明确目标	学生读教学目标	
2. 知识过关 （1）概念、运用判断性质与方向	教师提问学生回答教师引导小结	
知识过关 （2）洋流分布规律	学生绘图交流讨论	
	对照模式图归纳规律	
	师生互动	
3. 知识运用（根据洋流分布规律，判断洋流的流向及性质）	巩固练习	
4. 能力提升	真题练习	

注：观察授课教师的语言是否画龙点睛，点评学生材料运用是否恰当，能否准确提取信息，分析思路是否清晰，语言表述是否清晰准确，能否激发学生的求知欲，能否给出恰当的评价

说明：观察结果分析及教学建议。

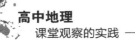
课例五 "农业区位因素" 观察量表（曲仁中学高一新授课研讨）①

表5-26　教师提问的有效性（观察者＿＿＿＿＿＿）

教师提问（实录）	学生回答方式						教师理答方式					问题本身				
	思考时间	无应答	齐答	个别答	自由答	汇报	代答	不理	重复	鼓励	追问	层次			指向	
												识记	分析	评价	清晰	模糊
1																
2																
3																
4																
5																
6																
7																
8																
9																
10																
11																
12																
实录提问时，请进行归类，如属于活动一的、活动二的等																

说明：观察结果分析及教学建议。

表5-27　教学素材资源有效运用的策略（观察者＿＿＿＿＿＿）

素材名称	素材类型	素材来源	生动性				科学性			简约性		目的性	
			新颖性	趣味性	情境度	知识准确度	内容契合度	学情适合度	使用数量	整合方式	呈现时间	目标指向	利用方式
1													
2													

---

① 高中地理教材（湖南教育出版社）必修（二）第三章第二节。

续 表5-27

素材名称	素材类型	素材来源	生动性				科学性			简约性		目的性	
			新颖性	趣味性	情境度	知识准确度	内容契合度	学情适合度	使用数量	整合方式	呈现时间	目标指向	利用方式
3													
4													
5													
6													
7													
8													
9													
10													
11													
12													
13													
14													
15													
16													
17													

1. 新颖性：A.新颖　B.一般　C.陈旧

2. 趣味性：A.有趣　B.适中　C.枯燥

3. 情境度：A.良好　B.适中　C.欠佳

4. 知识准确度：A.引用材料知识正确　B.引用材料存在知识错误

5. 内容契合度（与教学内容的相关性）：A.紧密　B.适中　C.不强

6. 学情适合度：A.适度　B.过简　C.过难

7. 使用数量：A.适度　B.偏少　C.偏多

8. 整合方式：A.适度　B.过简　C.过繁

9. 呈现时间：A.适中　B.过长　C.过短

10. 目标指向：指素材针对的教材具体教学目标或过程，包括导入、重难点、能力培养、情感态度塑造等

11. 利用方式：包括简单呈现、教师讲解、问题探究、角色扮演等

说明：观察结果分析及教学建议。

表5-28 学习活动的有效性（观察者_____）

活动主题	独立活动描述：观察多少学生？学生是独立思考完成，还是照抄资料完成？多长时间？独立学习根据什么资料？任务完成情况怎样？目标达成情况如何？ 交流活动描述：学生交流参与度、交流时间？有多少人交流？交流的氛围、效果如何？目标达成情况如何？
活动一	
活动二	
活动三	

说明：观察量结果分析及教学建议。

表5-29 教学环节的有效性（观察者_____）

环节	环节内容	时间分配	教师活动描述	学生活动描述	目标达成反馈描述
1.导入	新课导入				
2.目标学习	明确目标				
3.自学任务	自主学习				
4.夯实基础（农业区位因素）	活动：十二个素材的判断				
5.能力提升（从宏观角度进行农业区位分析和选择）	温习基本的气候知识				
	判断两种糖料作物的种植				
	判断水产养殖和畜牧业分布				
6.能力提升（从微观角度进行农业区位分析和选择）	城郊农业布局				
注：授课教师的语言是否画龙点睛，点评学生材料运用是否恰当，能否准确提取信息，分析思路是否清晰，语言表述是否清晰准确，能否激发学生的求知欲，能否给出恰当的评价					

说明：观察结果分析及教学建议。

课例六 "地质构造与地表形态" 观察量表（市田中高一新授课研讨）①

表5-30　教师预设问题的有效性（观察者_____）

教师预设问题	生动性		科学性		简约性		问题指向		学生回答方式				
	感兴趣	不感兴趣	符合地理思维	符合认知规律	呈现方式	思考时间	清晰	模糊	无应答	齐答	个别答	自由答	汇报
探究一： 根据背斜、向斜概念，可知存在岩层形态的差异													
课堂检测1：说出背斜和向斜													
探究二： 根据背斜、向斜弯曲的方向不一致，可推出水平面上岩层的新老关系不一致													
课堂检测2.1：													
探究三： 地形倒置：背斜成谷、向斜成山的原因													
课堂检测2.2：													
探究四： 读储油、储气构造示意图，假如你是一位地质工程师，请解决以下问题													

---

① 高中地理教材（湖南教育出版社）必修（一）第二章第二节。

续 表5-30

教师预设问题	生动性		科学性		简约性		问题指向		学生回答方式				
	感兴趣	不感兴趣	符合地理思维	符合认知规律	呈现方式	思考时间	清晰	模糊	无应答	齐答	个别答	自由答	汇报

1. 感兴趣或不感兴趣的具体表现，如观察"注意力/主动性/情绪"等，课后询问学生是否感兴趣

2. 科学性的具体表现：一是问题是否符合地理学科思维；二是问题提出后，学生能否理解，可以观察学生的表情、听学生的回答、课后问学生是如何理解的

3. 呈现方式包括讲述、板书（或投影）、呈现次数、是否有解释等方面，思考时间指教师给学生留的思考问题的时间

4. 问题指向性是否清晰的具体表现：学生是否理解了教师提出的问题，大部分学生是否对问题有反映，回答问题时思路是否正确，等等

说明：观察结果分析及教学建议。

表5-31 "地质构造与地表形态"学习目标的达成观察表（观察者_____）

学习目标	学生是否清楚学习目标					预设的学习目标达成情况有什么证据		
	课前预习情况	课中获悉				学生的表情（投入与否）	学生的观点（回答/提问/汇报）	学生的作业（书面表达/汇报/表演/检测题）
		途径	方式	清晰度	导向性			
1. 核心概念（地质构造、褶皱、背斜、向斜）								
2. 依据岩层形态判断背斜、向斜								
3. 依据岩层新老关系判断背斜、向斜								
4. 地质构造与构造地貌								
5. 研究褶皱构造在工程上的运用								

说明：观察结果分析及教学建议。

课例七 "区域农业的可持续发展——以美国为例" 观察量表（市一中高二新授课）①

表5-32　教师设问的有效性（观察者_____）

教师设问	生动性		科学性		问题呈现		问题指向		学生回答方式		
	感兴趣	不感兴趣	符合地理思维	符合认知规律	呈现方式	思考时间	清晰	模糊	个别答	自由答	汇报
1											
2											
3											
4											
5											
6											
7											
8											
9											
10											
11											

1. 感兴趣或不感兴趣的具体表现，如观察"注意力/主动性/情绪"等，课后询问学生是否感兴趣。（负责观察的老师课后至少要询问4～5名学生）

2. 科学性的具体表现：一是问题是否符合地理学科思维；二是问题提出后学生能否理解，通过观察学生的表情、听学生的回答、课后问学生如何理解问题等途径了解情况

3. 呈现方式：包括讲述、板书（或投影）、呈现次数、是否有解释等方面，思考时间指教师给学生留的思考问题的时间

4. 问题指向性是否清晰的具体表现：学生是否理解教师提出的问题，大部分学生是否对问题有反映，回答问题时思路是否正确等

5. 学生回答方式。自由答的表现主要观察：回答人数多少（估计，可能有无应答、少数人回答、大多数能回答几种情况）；个别答：主要指提问，一般有四种情况，①能正确回答，②回答不完整，③不会答或回答错误。对个别重要问题或典型表现，需记录学生回答问题时的表述。汇报指小组活动后学生代表总结性发言

说明：观察结果分析及教学建议。

---

① 高中地理教材（湖南教育出版社）必修（三）第二章第四节。

表5-33 教师对学生回答问题情况的课堂处理（观察者_____）

教学环节	问题	处理情况				
		点评	追问	请其他学生回答	没有任何行为	其他
课标学习						
导入						
知识回顾						
1.美国农业的区位优势						
2.美国农业的生产特点						
3. 美国农业生产和发展中出现的问题						
4. 美国农业生产和发展的对策						

说明：观察结果分析及教学建议。

表5-34 "区域农业的可持续发展"学习目标的达成观察表（观察者_____）

教学环节	学习目标	学习目标		预设的学习目标达成情况教学环节有什么证据？		
		呈现方式	清晰度	学生的表情（投入与否）	学生的观点（回答/提问/汇报）	学生的作业（书面表达/汇报/表演/检测题）
课标学习	明确本节课的学习内容					
导入	（1）明确农业发达的含义 （2）明确美国农业发达的表现 （3）明确以美国为学习案例的目的					
知识回顾	复习农业区位因素					
1. 美国农业的区位优势	明确美国农业生产具有的自然和社会区位优势					

续 表5-34

教学环节	学习目标	学习目标		预设的学习目标达成情况教学环节有什么证据？		
		呈现方式	清晰度	学生的表情（投入与否）	学生的观点（回答/提问/汇报）	学生的作业（书面表达/汇报/表演/检测题）
2. 美国农业的生产特点	概括美国农业生产的特点					
3. 美国农业生产和发展中出现的问题	根据资料分析美国农业生产和发展中出现的问题					
4. 美国农业生产和发展的对策	根据资料和所学知识分析总结美国农业生产和发展的对策					

说明：观察结果分析及教学建议。

课例八 "农业可持续发展" 观察量表（广东北江中学高三复习研讨课）①

表5-35　教师对学生回答问题情况的处理（观察者_____）

教学环节	问题	处理情况				
		点评	追问	请其他学生回答	没有任何行为	其他
课标展示						
导入						
活动一						
活动二						
构建知识体系						
师生小结						
检测反馈						

说明：观察结果分析及教学建议。

---

① 高中地理教材（湖南教育出版社）必修（三）第二章第四节。

表5-36 "区域农业的可持续发展"学习目标的达成观察表（观察者_____）

教学环节	学习目标	学习目标		预设的学习目标达成情况有什么证据？		
		呈现方式	清晰度	学生的表情（投入与否）	学生的观点（回答/提问/汇报）	学生的作业（书面表达/汇报/表演/检测题）
课标展示	明确本节课的学习内容					
导入	1. 激发学习兴趣 2. 了解望奎县的主要农作物 3. 了解望奎县农业生产特点					
活动一	通过阅读望奎县地理条件材料，归纳望奎县农业生产的有利条件					
活动二	结合望奎县的实际情况，综合分析望奎县发展农业存在的问题，并归纳望奎县农业可持续发展的途径					
构建知识体系	学生总结区域可持续发展分析的一般思路					
师生小结	师生共同完善区域可持续发展分析的一般思路					
检测反馈	学以致用					

说明：观察结果分析及教学建议。

表5-37 "区域农业的可持续发展"课堂教学时间的

分配合理性观察表（观察者_____）

教学内容的时间分配		
内　容	时间（分钟）	百分比
课标展示		
导　入		
活动一		
活动二		
构建知识体系		
师生小结		
检测反馈		
各种教学行为的时间分配		
行为类别	具体过程	时间（分钟）	百分比
教师讲解	讲解1		
	讲解2		
各种教学行为的时间分配			
学生自学	自学1		
	自学2		
学生讲解（回答）	回答1		
	回答2		
师生互动	互动1		
	互动2		
小组讨论	讨论1		
	讨论2		
非教学时间			
其　他			

说明：观察结果分析及教学建议。

课例九 "日本"观察量表（市田中高二复习课研讨）

表5-38　教师对学生回答问题情况的课堂处理（观察者＿＿＿＿＿＿）

教学环节	问　题	处理情况				
		点　评	追　问	请其他学生回答	没有任何行为	其　他
导　入						
日本的位置						
位置的影响						
课堂小结						
课堂练习						

说明：观察结果分析及教学建议。

表5-39　"日本"学习目标的达成观察表（观察者＿＿＿＿＿＿）

教学环节	学习目标	学习目标	预设的学习目标达成情况有什么证据？		
	呈现方式	清晰度	学生的表情（投入与否）	学生的观点（回答/提问/汇报）	学生的作业（书面表达/汇报/表演/检测题）
导　入					
日本的位置					
位置的影响					
课堂小结					
课堂练习					

说明：观察结果分析及教学建议。

表5-40 学习活动的有效性（观察者_____）

活动主题	独立活动描述：观察多少学生？是独立思考完成，还是照抄资料完成？多长时间？独立学习根据什么资料？任务完成情况怎样？目标达成情况？ 交流活动描述：学生交流参与度、交流时间？有多少人交流，交流的氛围，效果如何？目标达成情况？
活动一	
活动二	
活动三	

说明：观察量结果分析及教学建议。

表5-41 教师对课堂教学中学生错误的指导

教师对学生错误后的反应分类		具体描述	频次	百分比（%）	排序
学生的错误	1. 知识性错误				
	2. 表达的错误（文字表述、图形等）				
	3. 操作不合理的错误				
	4. 思考不全面				
	5. 未把握问题的指向				
教师的反应	1. 赞许（如虽然错误但有想法）				
	2. 接纳（微笑，偏重肯定性语气）				
	3. 中性（倾听、观察寻找问题根源）				
	4. 未发现的错误				
教师的行为	1. 鼓励				
	2. 引导				
	3. 换其他同学回答				
	4. 教师自己指正				
	5. 进行解释和说明				
	6. 由同伴补充完善（合作学习时）				
	7. 最终明确正确解答				

说明：观察量结果分析及教学建议。

课例十 "工业区位因素" 观察量表（市五中高一 新授课 "翻转课堂模式"）①

表5-42 教师对学生回答问题情况的课堂处理（观察者_____）

问 题	处理情况				
	点 评	追 问	请其他学生回答	没有任何行为	其 他

说明：观察结果分析及教学建议。

表5-43 教师对课堂教学中学生错误的指导

教师对学生错误后的反应分类		具体描述	频次	百分比（%）	排序
学生的错误	1. 知识性错误				
	2. 表达的错误（文字表述、图形等）				
	3. 操作不合理的错误				
	4. 思考不全面				
	5. 未把握问题的指向				
应教师的反	1. 赞许（如虽然错误但有想法）				
	2. 接纳（微笑，偏重肯定性语气）				
	3. 中性（倾听、观察寻找问题根源）				
	4. 未发现的错误				

① 高中地理教材（湖南教育出版社）必修（二）第三章第三节。

续 表5-43

教师对学生错误后的反应分类		具体描述	频次	百分比（%）	排序
教师的行为	1. 鼓励				
	2. 引导				
	3. 换其他同学回答				
	4. 教师自己指正				
	5. 进行解释和说明				
	6. 由同伴补充完善（合作学习时）				
	7. 最终明确正确解答				

说明：观察量结果分析及教学建议。

表5-44 "工业区位因素"课堂教学时间的分配合理性观察表（观察者_____）

各种教学行为的时间分配				
疑 点	对应的教学目标	具体过程	时间（分钟）	百分比
疑点一				
疑点二				
疑点三				
疑点四				
疑点五				
疑点六				
非教学时间				

说明：观察结果分析及教学建议。

课例十一 "俄罗斯"观察量表（市一中高二复习课研讨课）

表5-45 教师对学生回答问题情况的课堂处理（观察者_____）

教学环节	问题	处理情况				
		点评	追问	请其他学生回答	没有任何行为	其他
课标学习						
情境导入						

续 表5-45

教学环节	问题	处理情况				
		点评	追问	请其他学生回答	没有任何行为	其他
农业区位条件分析						
"投资租地"						
课堂小结						

说明：观察结果分析及教学建议。

表5-46 "俄罗斯"学习目标的达成观察表（观察者_____）

教学环节	学习目标	学习目标		预设的学习目标达成情况有什么证据		
		呈现方式	清晰度	学生的表情（投入与否）	学生的观点（回答/提问/汇报）	学生的作业（书面表达/汇报/表演/检测题）
课标学习						
情境导入						
农业区位条件分析						
投资租地						
课堂小结						

说明：观察结果分析及教学建议。

表5-47　学习活动的有效性（观察者_____）

活动主题	独立活动描述：观察多少学生？是独立思考完成，还是照抄资料完成？多长时间？独立学习根据什么资料？任务完成情况怎样？目标达成情况如何？ 交流活动描述：学生交流参与度、交流时间？有多少人交流，交流的氛围、效果如何？目标达成情况如何？
活动一	
活动二	
活动三	

说明：观察量结果分析及教学建议。

课例十二 "工业区位因素"观察量表（市二中高一新授课研讨）①

表5-48　教师提问的有效性（观察者_____）

教师提问（实录）	学生回答方式						教师理答方式					问题本身				
	思考时间	无应答	齐答	个别答	自由答	汇报	代答	不理	重复	鼓励	追问	层次			指向	
												识记	分析	评价	清晰	模糊
1																
2																
3																
4																
5																
6																
7																
8																
9																
10																

说明：观察结果分析及教学建议。

① 高中地理教材（湖南教育出版社）必修（二）第三章第三节。

表5-49　教师对学生回答问题情况的课堂处理（观察者_____）

教学环节	问　题	处理情况				
		点　评	追　问	请其他学生回答	没有任何行为	其　他
学习目标						
情境导入						
新课讲解（影响工业区位的因素）						
合作探究（影响工业的主要区位因素）						
课堂小结						

说明：观察结果分析及教学建议。

表5-50　"工业区位因素"学习目标的达成观察表（观察者_____）

教学环节	学习目标	学习目标		预设的学习目标达成情况有什么证据？		
		呈现方式	清晰度	学生的表情（投入与否）	学生的观点（回答/提问/汇报）	学生的作业（书面表达/汇报/表演/检测题）
学习目标						
情境导入						
新课讲解（影响工业区位的因素）						
合作探究（影响工业的主要区位因素）						
课堂小结						

说明：观察结果分析及教学建议。

注：课例十二学习活动的有效性量表同课例十一的量表5-47。

课例十三 "能源资源的开发——以我国山西省为例"观察量表
(乐昌城关中学课题中期检查)①

表5-51　分层教学观察表（观察者＿＿＿＿＿＿）

分　层	（A、B、C）组
教学目标	
教学内容	
教学资源	
教学方法	
课堂指导	
课堂练习	
课堂评价	
作业布置	

说明：观察结果分析及教学建议。

表5-52　学习活动的有效性观察表（观察者＿＿＿＿＿＿）

活动主题	活动一 （主题＿＿）	活动二 （主题＿＿）
独立活动描述： 1. 观察几个组、多少学生？ 2. 是独立思考、看课本，还是照抄资料完成？ 3. 预设几分钟、实际几分钟？ 4. 独立学习根据什么资料？ 5. 任务完成多少、正确率？ 6. 目标达成情况？		
讨论活动描述： 1. 观察几个组、多少学生讨论？ 2. 讨论时间多长、讨论的氛围、效果如何？ 3. 讨论几个问题、是否教师布置的问题？ 4. 目标达成情况？		

说明：观察结果分析及教学建议。

---

① 高中地理教材（人民教育出版社）必修（三）第三章第一节。

课例十四 "大气受热过程" 观察量表

（广东北江中学课题中期检查）[1]

表5-53　学生参与式教学资源有效运用的策略（观察者_____）

组别	素材名称	素材类型	素材来源	新颖性	趣味性	情境度	知识准确度	内容契合度	呈现时间	目标指向
1										
2										
3										

1. 新颖性：A.新颖　B.一般　C.陈旧

2. 趣味性：A.有趣　B.适中　C.枯燥

3. 情境度：A.良好　B.适中　C.欠佳

4. 知识准确度：A.引用材料知识正确　B.引用材料存在知识错误

5. 内容契合度（与教学内容的相关性）：A.紧密　B.适中　C.不强

6. 呈现时间：A.适中　B.过长　C.过短

7. 目标指向：指素材针对的教材具体教学目标或过程，包括导入、重难点、能力培养、情感态度塑造等

说明：观察结果分析及教学建议。

表5-54　学习活动的有效性观察表（观察者_____）

活动描述	活动一：（主题_____）	活动二：（主题_____）	活动三：（主题_____）	活动四：（主题_____）

1. 观察多少学生？是独立思考、看课本，还是照抄资料完成？

2. 有没有学生讨论？多少学生参与讨论？时间多长？氛围、效果如何？

3. 预设几分钟、实际几分钟？

4. 任务完成多少？正确率如何？

说明：观察结果分析及教学建议。

---

[1] 高中地理教材（湖南教育出版社）必修（一）第二章第三节。

表5-55　各种提问行为类别频次统计观察表（观察者_____）

行为类别	频次	百分比（%）
1. 提出问题的类型 （1）常规管理性问题 （2）记忆性问题 （3）理解性问题 （4）探究性问题 （5）批判性问题		
2. 挑选回答问题方式 （1）提问前，先点名 （2）提问后，让学生齐答 （3）提问后，叫举手者答 （4）提问后，叫未举手者答 （5）提问后，改问其他同学		
3. 教师理答方式 （1）打断学生回答，或自己代答 （2）对学生回答不理睬，或消极批评 （3）重复自己的问题或学生答案 （4）对学生回答鼓励、称赞 （5）鼓励学生提出问题		
4. 学生回答的类型 （1）无回答 （2）机械判断是否 （3）认知记忆性回答 （4）理解性回答 （5）创造评价性回答		
5. 停顿 （1）提问后，没有停顿或不足三秒 （2）提问后，停顿过长 （3）提问后，适当停顿三五秒 （4）学生答不出来，耐心等待几秒 （5）对特殊需要的学生，适当多等几秒		

说明：观察结果分析及教学建议。

表5-56　课堂教学时间分配合理性观察表（观察者＿＿＿＿＿＿＿＿＿）

	组织教学	教师讲解	师生问答	学生自学	伙伴学习	非教学时间	合计
时间							
占比							

说明：观察结果分析及教学建议。

第五节　地理课堂观察报告

一、"洋流"课堂观察报告

课堂观察是一种以教育教学研究和指导为基本目的的课堂研究活动。观察者带着明确的目的，通过深入课堂，凭借耳听（教学内容、教学语言等）、心感、脑思、手记等方法，借助有关辅助工具（观察表、录音、录像设备等），观察、了解和体验课堂教学活动。

2014年3月，韶关市教育局地理教研室举行了一次主题为"教学目标的预设与达成"地理教研活动，并于3月20日在市五中进行了课堂观察。

（一）课堂观察前的准备

首先，设计课堂观察量表。市五中的李老师（教龄十年，但高中教龄仅三年）根据市教研室的要求，对高中地理必修（一）第二章第四节"洋流"进行了复习课教学设计（附件4，本书第112页），然后根据教学设计，参考吴江林等主编的《课堂观察LICC模式课例集》，设计了该内容的课堂观察量表。

其次，课前说课。在上课前，李老师进行了该教学内容的说课活动。李老师把该内容的课程标准、教材内容、学生学情等进行了说明，重点说明地理教学过程的设计及其设计目的。

最后，观课教师选择观察点。说课后，来参加活动的20多位教师按设计的观察表分成四个大组，确定负责人。

（二）课堂观察的资料整理分析

1. 教师提问的有效性

观察者：郭贤智、李红文、莫平钊、李末香、李玉钧。

具体教师提问的问题及问题的有效性分析，详见表5–57。

表5-57　教师提问的有效性

教师提问（实录）	学生回答方式						教师理答方式					问题本身				
	思考时间	无应答	齐答	个别答	自由答	汇报	代答	不理	重复	鼓励	追问	层次			指向	
												识记	分析	评价	清晰	模糊
1.图中这些箭头代表什么（指世界洋流分布模式图）？连在一起又代表什么？	无	√					√					√				√
2.海边的海浪或波浪是不是洋流？	无			√							√	√			√	
3.（指图）有一个漂流瓶将如何运动？	无			√			√					√			√	
4.为什么洋流会沿一定方向流动？	20		√							√		√			√	
5.（指气压带风带模式图）低纬度是什么风？中纬度呢？	无	√							√			√			√	
6.低纬度洋流是怎么流动的？受什么风影响？	无	√							√			√			√	
7.洋流按性质划分为什么？红色表示什么？绿色表示什么？	无	√							√			√			√	
8.如果没有颜色，如何区分寒暖流？	无			√					√			√			√	
9.为什么暖流水温高？为什么低纬度流向高纬度为暖流？	5		√							√	√	√			√	

续 表5-57

教师提问（实录）	学生回答方式						教师理答方式					问题本身				
	思考时间	无应答	齐答	个别答	自由答	汇报	代答	不理	重复	鼓励	追问	层次			指向	
												识记	分析	评价	清晰	模糊
10. 南北半球寒暖流箭头有何区别？	无			√			√					√				√
11.（读海水等温线图）A、B两处分别有什么洋流经过？	10			√					√	√			√		√	
12.（读海水等温线图）此海域位于哪个半球？	无			√					√	√		√			√	
13.（在黑板上画一椭圆）椭圆代表什么？	无	√					√					√				√
14. 低纬度是什么风向？中纬度和高纬度呢？洋流是怎么流的？（学生画图过程中不断提示）	无			√								√			√	
15. 低纬度大洋左侧是什么？碰到陆地会怎样？	无	√					√					√				√
16.（指图）哪条是暖流？哪条是寒流？	无			√								√			√	
17.（总结洋流分布规律）副热带海区大洋环流呈什么方向流动？	无			√					√			√			√	
18. 北印度洋夏季什么风？冬季什么风？	无			√					√			√			√	

教师提问（实录）	学生回答方式						教师理答方式					问题本身				
	思考时间	无应答	齐答	个别答	自由答	汇报	代答	不理	重复	鼓励	追问	层次			指向	
												识记	分析	评价	清晰	模糊
19. 为什么南半球中、高纬度没有形成一个环流？	无				√				√		√		√		√	
20.（世界某局部海域）图中洋流性质和流向分别是什么？	无		√						√	√		√			√	
21.（北美洲两侧局部洋流）图中A、C洋流的性质和方向分别是什么？	10		√						√		√	√			√	
22.（做完一道高考选择题）请说出答案，并说出解题过程。	15		√								√	√			√	

注：表中时间单位为"秒"

（3）观察结果分析及教学建议

依据记录的资料进行了分析，分析结果如下：

表5-58　资料分析表

	学生回答方式					教师理答方式					问题本身				
	无应答	齐答	个别答	自由答	汇报	代答	不理	重复	鼓励	追问	层次			指向	
											识记	分析	评价	清晰	模糊
频次	3	3	7	9	0	5	0	10	5	6	16	6	0	18	4

① 问题指向型较清晰。从统计结果看，学生基本能根据教师的提问作答，有三个"无应答"，分别是"（指世界洋流分布模式图）图中这些箭头代表什么？连在一起又代表什么？""（在黑板上画一椭圆）椭圆代表什么？"和"低纬大洋左侧是什么？碰到陆地会怎样？"学生的回答与教师的提问是相对应的，问题指向清晰，学生都会"应答"，这三个问题"无应答"主要原因是问题指向模糊，学生不知道教师问什么。

② 提问的思维层次较低。按照布卢姆目标分类说，提问可以分为六个层次的问题，有关知识识记、理解和运用的提问属于较低层次思考水平，而有关分析、综合和评价的提问属于高层次思考水平。统计到的22个提问中，没有属于"评价"层次的，"分析"层次的也只有六个，只占27%，而且这六个提问中，简单分析的多，如"（读海水等温线图）A、B两处分别有什么洋流经过？""（读海水等温线图）此海域位于哪个半球？"而且从教师给的"思考时间"看，只有五个提问给了思考时间，给的最长时间不超过30秒，也说明所设计的问题思维层次不高。

③ 教师理答和学生回答的方式有待改进。一般情况下，教师理答可简单地分为满意或不满意。满意的表现通常是称赞；不满意的表现通常是打断、代答、批评、不理睬或追问。重复答案则是教师强调或学生发言不够清晰。对学生回答不满意的种种表现中，追问是一种更积极的态度。李老师22次提问有10次重复、6次追问、5次代答，理答方式可以改进，增加鼓励方式。学生回答方式中"自由答"有9次，"汇报"为0，可以适当增加。

④ 设问有待优化。如"图中（指世界洋流分布模式图）这些箭头代表什么？连在一起又代表什么？""（在黑板上画一椭圆）椭圆代表什么？"和"低纬度大洋左侧是什么？碰到陆地会怎样？"是无效提问；关于洋流概念的提问有10个（问题1～10），而关于洋流分布规律的提问只有7个（问题13～19），提问较随意，针对性、逻辑性不强，重点不突出。

如关于洋流概念的10个提问，先什么后什么不清晰，逻辑性不强。这10个问题应该围绕洋流的定义、性质和成因来设问。考虑到是高二的复习课，可以设计提问如下："海水的运动形式多种多样，'潮起潮落'说的是潮汐，'无风不起浪'说的是波浪，海水的大规模运动方式就是洋流。那么，它们的区别是什么呢？"——"洋流有不同的类型，按性质分，它可以分为哪两种？""在洋流分布图上，向哪个方向流动的是暖流（寒流）？为什么？"——"洋流大规模运动的主要原因是什么？"

这样，设计的问题有层次性，有一定的思维过程，比较符合复习课要求。

再如，设问的指向型不清晰。设问"南北半球寒暖流箭头有何区别？"的指向不清晰，是不是问"南北半球寒暖流箭头（的指向）有何区别？""低纬度大洋左侧是什么？碰到陆地会怎样？"应该是"低纬度大洋左侧是陆地，（洋流）碰到陆地会怎样（流动）？"教师在黑板上画了一个椭圆，就问"椭圆代表什么？"，画气压带风带模式图或洋流模式图，都可以先画一个椭圆，然后标出纬度。

另外，有些设问不严谨，甚至出现科学性错误。例如，"为什么暖流水温高？为什么低纬度流向高纬度为暖流？"和"低纬度是什么风？中纬度呢？"等设问，都不严谨，应该为"为什么暖流相对同纬度其他海域水温高""较低纬度流向较高纬度为暖流"和"低纬度盛行什么风"。

2. 学习目标的达成

观察者：刘景浪、曹国辉、卢芳华、何绿星、陈芬、彭创生。

（1）观察点选点说明

本节课是高二复习课，学生在高一的学习中，已对洋流的相关内容有一定的了解。但是，学生基础知识较薄弱，分析问题的能力还欠缺。从李老师的教学设计和说课中，他本节课的重点在帮助学生巩固基础知识，理解洋流的概念和世界洋流的分布规律，并能够根据洋流的概念和分布规律，判断洋流的性质和流向。如何达成学习目标，成为关注的焦点。

（2）观察量表及观察结果说明

根据李老师的说课和本节课的教学设计，我们要观察本节课的教学目标，需要考虑三个问题：

一是学生是否知道学习目标，如何知道的？二是教学目标是通过哪些途径实现的，这就关系情境创设、学生学习活动设计等要素；三是教学目标达成检测。

据以上分析，我们设计了表5-59并得到了观察结果。

表5-59 学习目标的达成

预设目标	了解洋流概念并能运用其判断洋流的流向及性质	对照世界洋流分布图和全球风带图，绘制全球洋流分布模式简图，归纳世界洋流分布规律	根据世界洋流分布规律，判断洋流的流向及性质
学习目标呈现方式	PPT呈现，学生齐读		
情境创设（布置任务、背景材料、学习活动条件等）	PPT呈现世界洋流分布图和全球风带图，提问漂流瓶会朝什么方向流动？指出图中红色、绿色分别代表什么性质的洋流？	（1）PPT呈现世界洋流分布图和风带模式图 （2）绘制洋流模式图 （3）学案（洋流分布规律填空）	两道检测题和一道高考真题
学习活动	（1）翻阅地图册，思考风带对洋流的影响 （2）完成两道练习题	（1）学生对照世界洋流分布图和风带图，绘制世界洋流模式图。学生在画的过程中，教师不断提示 （2）填写学案	先是学生独立完成，然后师问生答方式
教学目标达成检测	周围四人正确完成两道练习题，教师请一人回答也正确	（1）绘图效果不好。观察身边四人，一人没按纬度画，一人没有动笔，一人没有区分寒暖流，只有一人对照洋流模式图画出来 （2）填写分布规律在教师的提示引导下正确	教师分别请三人回答，每人一题，第一人回答正确，第二人回答错误，教师讲解，第三人结果正确，但分析解题思路错误

（3）观察结果分析及教学建议

从学习目标呈现方式看，采用学生齐读方式，合理。

从情境创设看，比较恰当，符合复习课要求。但是，本节课复习的重点应是对照世界洋流分布图和全球风带图，绘制全球洋流分布模式简图，归纳世界洋流分布规律。至于了解洋流概念并能运用其判断洋流的流向及性质，没有必要花过多的时间。

从学习活动看，只有一次学生自主绘图，其余均是被教师牵着走——教师问学生答。

从教学目标达成检测看，"了解洋流概念并能运用其判断洋流的流向及性质"基本达成。"对照世界洋流分布图和全球风带图，绘制全球洋流分布模式简图，归纳世界洋流分布规律"达成不好，从观察的四位学生和教师提问看，基本没有理解知识的形成过程。"根据世界洋流分布规律判断洋流的流向及性质"达成也不理想，学生解题思路不清晰。

另外，反馈形式较单一，基本是师问生答形式。

分析原因有四：一是给学生的学习思考时间少，二是教师也没有组织学生交流讨论，三是在绘图中没有强调洋流分布的纬度位置，四是风带对洋流的影响，学生没有理解，教师也没有重点讲解，等等。导致学生由"绘图"变成"临摹"，没有按知识的发生、发展过程绘制。

3. 教师对课堂教学中学生错误的指导

观察者：林叶水、农建明、陈碧凤、秦建春、鄢盛旭。

（1）观察点选点说明

选择教师对课堂教学中学生错误的指导作为本节课的观察点，主要是考虑本节课是高二复习课，学生原有知识可能存在错误，教师通过复习发现并矫正这些错误，并适时地调整自己的教学，促进教学目标的达成。

（2）观察量表及观察结果说明

要观察教师对学生错误的指导，首先应对学生的错误进行分类，然后看教师面对不同的错误有何反应，采取了什么措施。我们设计了表5-60，采取课堂实录的方式进行定性观察，并得到了观察结果。

表5-60　教师对课堂教学中学生错误的指导

	教师对学生错误后的反应分类				
	1. 知识性错误	2. 表达的错误（文字表述、图形等）	3. 绘图的错误	4. 思考不全面	5. 未把握问题的指向
学生的错误（实录）	北半球的极地东风为东南风（c、D）	洋流碰到陆地的阻挡分别向上、向下流（d）	南北赤道暖流和西风漂流的位置不准确（d）	低纬度流向高纬度为暖流，高纬流向低纬度为寒流（d）	
		"一个"洋流、"一个"寒流（暖流）（d）		海水等温线凸向即洋流流向（c、E）	

续 表5-60

教师的反应：a.赞许（如虽然错误但有想法）。b.接纳（微笑，偏重肯定性语气）。c.中性（倾听、观察寻找问题根源）。d.未发现的错误
教师的行为：A.鼓励。B.引导。C.换其他同学回答。D.教师自己指正。E.进行解释和说明。F.由同伴补充完善（合作学习时）。G.最终明确正确解答

（3）观察结果分析及教学建议

通过课堂观察，共录得四类六个错误。其中，知识性错误一个，是学生回答北半球的极地东风为东南风，教师积极倾听并指正。表达的错误两个：一个是洋流碰到陆地的阻挡，分别向上、向下流；另一个"一个"洋流、"一个"寒流（暖流），教师均没有发现。绘图的错误有一个比较典型，就是部分学生绘制的南、北赤道暖流和西风漂流的位置不准确，教师也没有发现。思考不全面的有两个：一个，是学生表述低纬度流向高纬度为暖流，高纬度流向低纬度为寒流，教师没有反应；另一个，是海水等温线凸向即洋流流向，教师倾听并进行了解释和说明。

学生方面，一节课只出现六个小错误，说明高一时基础知识打得比较扎实，而知识性和表述的错误是在所难免的，需要教师及时指正、强调规范。

教师方面，对学生的错误，有四个错误没有发现，可能是教师没有意识到学生表述的错误，也可能是没有发现学生的绘图错误，这需要教师有扎实的专业功底，也需要在课堂上有敏锐的观察力。对于发现的两个错误，教师积极倾听，及时指正或进行解释，营造了比较积极、和谐的课堂氛围。

4. 教学环节的有效性

观察者：曾胜平、赵广博、欧全广、肖艳、姚春玉。

（1）观察点选点说明

根据李老师的教学设计和说课，在教学环节上已经进行了精心的设计，这些环节如何在课堂上进行有效的落实，促进学生的学习最终达成预设的目标，成为关注点。因此，选择教学环节的设计是否有利于教学目标的达成，作为我们的观察点。

（2）观察量表及观察结果说明

从本节课的教学设计看，整节课可以分为四个环节。除了教学内容与环节的设计外，课堂上教学时间的分配、教师的教学活动、学生的学习活动等，也是教学目标能否达成的重要因素。同时，目标的达成度也需要通过课堂的实际情况进行反馈与分析。设计表5-61并得到以下观察结果。

表5-61　教学环节的有效性

环　节	环节内容	教学环节描述（时间分配、教师活动、学生活动、目标达成反馈）
1.明确目标	学生读教学目标	教师投影课标，学生读，教师讲本节课的目标（但没有讲明重点），用时约两分钟
2.知识过关（概念、概念运用判断性质与方向）	教师提问学生回答教师引导小结	（1）教师投影"世界洋流分布图"，提问引导学生理解洋流的概念，教师一共提出10个问题（问题1~10，见量表1），引导学习逐个作答，用时14分钟 （2）教师要求学生做学案上的练习一（两个问题），用时四分钟
3.知识过关（洋流分布规律）	学生绘图交流讨论	教师未提示前四分之一画出，但画的思路不清晰，纬度位置偏差较大。学生没有讨论。用时八分钟
	对照模式图归纳规律	教师按学案设计的问题提问学生，要求学生对照学案提供的"全球洋流模式图"得出结论，用时四分钟
4.知识运用（根据洋流分布规律判断洋流的流向及性质）	巩固练习	学生做一道选择题和一道判断题，用时约一分钟。一道选择题提问两位学生，一人做错，不能正确分析；一人回答结果正确，但分析思路不对。一道判断题提问一位学生，判断错误，然后教师讲解。用时约三分钟
5.能力提升	真题练习	学生做，时间很短，不到一分钟，提问一学生回答错误，然后教师对照"洋流模式图"讲解，用时两分钟

注：观察授课教师的语言是不是画龙点睛、点评学生材料运用是否恰当、能否准确提取信息、分析思路是否清晰、语言表述是否清晰准确、能否激发学生的求知欲，能否给出恰当的评价

（3）观察结果分析及教学建议

从时间分配来看，本节课重点不够突出。本节课重点应该是环节三洋流分布规律，但该环节用时仅12分钟，仅占40分钟的30%。环节二虽然比较重要，但设计的问题太多而不精炼，且问题设计不合理（如"图中这些箭头代表

什么？连在一起又代表什么？"），导致耗时过多，约18分钟。

从教师活动和学生活动看，教师明显"主宰"课堂，学生以被动接受为主。教师讲得多，师生互动少，教师问学生答，学生间没有互动和讨论。

例如，洋流规律的归纳给的时间不够，学生基本未参与，教师问学生答，教师很少点评，激发学生学习欲望不够，导致学生学习的主动性不强。虽然有学生绘图环节，但是，教师要求学生绘图前，没有明确绘图的依据、步骤和注意的事项（如洋流的纬度位置），学生很少有绘制正确的。

值得商榷的部分教学环节。本节课是设计并围绕三个教学目标展开的，目标之一是"了解洋流、寒暖流概念并能运用其判断洋流的流向及性质"；目标之二是"对照世界洋流分布图和全球风带图，绘制全球洋流分布模式简图，归纳世界洋流分布规律"；目标之三是"根据世界洋流分布规律，判断洋流的流向及性质"。完成目标一用时18分钟，目标二和三共用时16分钟。而实际上，目标二是重点，可不可以把三个目标合并为两个目标呢？即先完成目标二，再完成目标一中的"了解洋流、寒暖流概念"，最后完成目标三，因为目标三中也隐含了"运用洋流概念判断洋流的流向及性质"这一目标，那么，重点会不会更突出，学生理解概念是不是更透彻呢？即参见高中地理教材必修（一）（湖南教育出版社）P62图2-41和下图5-6，绘制出图5-7，考虑南半球的海陆状况，简化为图5-8，再归纳世界洋流分布规律。

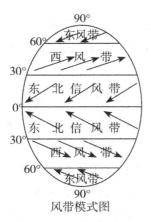

图5-6　世界风带模式图

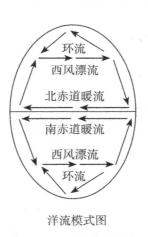

图5-7　世界洋流模式图

图5-8　世界洋流分布模式图

（三）本次课堂观察形成的结论

（1）洋流分类，教师提示语言准确。

（2）教学目标方面，教师讲与学生读重复，没有强调"关键词"。

（3）教师在要求学生绘图前，没有明确绘图的依据、步骤和注意的事项（如洋流的纬度位置）。

（4）教师讲得多，师生互动少，教师问学生答，学生间没有互动和讨论。

（5）洋流规律的归纳时间不够，学生未参与，激发学生学习欲望不够。

（6）教师问学生答，教师不点评，学生思考时间不够，主动学习不够，建议授课速度适当放慢，从现象到本质。

附件4:

"洋流"教学设计（复习课第一课时）

韶关市第五中学　李友明

一、课标、考纲

课标要求：运用地图，归纳世界洋流分布规律，说明洋流对地理环境的影响。

考纲要求：世界洋流分布规律；洋流对地理环境的影响。

二、考纲、课标分析、学情分析制定教学目标

（一）课标、考纲解读

（1）"标准"中提及的洋流规律，是指世界洋流分布规律，要求学生能判断洋流的流向及性质；同时，能理解洋流对气候、渔场、航海、污染扩散等方面的影响。

（2）本节课重点复习洋流分布规律，包括洋流、寒暖流的概念，并能运用其判断流向及性质，以及洋流对地理环境的影响（第二课时）。重点和难点是归纳洋流的分布规律。通过读图认识洋流，了解按性质归类洋流可分为寒流、暖流，利用概念根据等温线判断流向及性质，理解低纬度流向高纬度即暖流，反之即寒流。通过绘制世界洋流分布模式图，归纳世界洋流分布规律，掌握运用该规律判断洋流流向及性质。理解洋流对地理环境尤其是对气候的影响。

（3）本班是文科普通班级，学生的学习能力相对较弱，基础也较为薄

弱。经过一年半的学习，学生已经对相应的知识有一定的了解。但是，未必能够从整体上把握洋流系统的知识体系，以及分析问题的方法。特别是我们的学生在学习能力、基础知识等方面与其他学生存在较大差距，所以，我们一轮复习重点是，让学生在教师的引导下对已学的知识进行自我诊断，从而能建构起基础知识体系，培养基本的地理技能、思维能力，提高应用相关知识解释、解决问题的能力。

【教学目标】

（1）了解洋流、寒流、暖流的概念，并能运用其判断洋流的流向及性质。

（2）对照世界洋流分布图和全球风带图，绘制全球洋流分布模式简图，归纳世界洋流分布规律。

（3）根据世界洋流分布规律，判断洋流的流向及性质。

【教学重点和难点】

通过画世界洋流模式分布图，归纳出世界洋流分布规律

三、教学过程

环节	教师活动	学生活动	设计意图	达成检测
明确目标	出示教学目标：洋流 （1）了解洋流、寒流、暖流的概念，并能运用其判断洋流的流向及性质 （2）对照世界洋流分布图和全球风带图，绘制全球洋流分布模式简图，归纳世界洋流分布规律 （3）根据世界洋流分布规律，判断洋流的流向及性质	读教学目标	明确学习目标	
知识过关 知识运用	（一）洋流流向及性质 活动一：出示世界洋流分布图，问：图中箭头代表的是什么？什么是洋流？ 提问：指出图中红色、绿色分别代表的是什么洋流？说出判断依据 教师引导：小结寒、暖流的一般判别方法 活动二： 练习：1.读海水等温线图，回答： （1）A，B两处分别有什么洋流（暖、寒）经过？	学生查阅资料了解洋流的概念。理解信风带对洋流的影响学生独立思考，在笔记本上总结、暖流的概念及判断方法	明确洋流，寒、暖流的概念掌握寒、暖流的一般判别方法	通过学生的写、答检测是否了解寒、暖流的概念

环节	教师活动	学生活动	设计意图	达成检测
知识过关 知识运用	（2）此海域位于哪个半球？ 教师解答疑惑，引导归纳根据等温线如何判断流向及寒、暖流。强调等温线的凸向即洋流流向 承接：在没有颜色和等温线的情况下，如何判断洋流的流向及性质？ （二）洋流分布规律 活动三：学生对照地图册"全球风带图"，独立绘制全球洋流分布模式简图 教师巡堂指导，观察学生绘图情况	学生单独完成练习，个人回答 运用洋流、寒暖流的概念判断洋流流向及性质的方法。理解凸向即流向	能运用洋流、寒暖流的概念判断流向及性质	通过练习反馈检测学生是否能运用洋流、寒暖流的概念判断流向及性质
知识过关 知识运用	1. 对照洋流分布模式简图，归纳世界洋流分布规律 （1）副热带海区为中心的大洋环流：北____南____；大陆东岸（大洋西岸）是____流，大陆西岸（大洋东岸）是____流 （2）北半球副极地海区的大洋环流：呈_____流动；大陆东岸（大洋西岸）是____流，大陆西岸（大洋东岸）是____流 （3）南纬40～60度海区，形成全球性西风漂流 （4）北印度洋海区，形成季风洋流冬逆夏顺	学生独立绘图 学生小组讨论，相互交流，纠正错误	培养和提高学生绘图、读图能力，培养学生团队精神	检查学生绘图情况并展示

续表

环节	教师活动	学生活动	设计意图	达成检测
知识过关 知识运用	 大陆东岸（大洋西岸）　大陆西岸（大洋东岸） 引导学生注意判别大陆或者海洋的东西岸练习 2. 下图为世界某局部区域，图中的洋流性质和流向分别是： A.寒流、西南流向东北　　B.暖流、西南流向东北 C.寒流、东北流向西南　　D.暖流、东北流向西南	学生对照洋流分布模式简图，在笔记本上填空归纳洋流分布规律 理解并识记洋流分布模式简图 独立做题，个人回答	归纳并能运用洋流分布规律判断流向及性质 知识储备 巩固知识，提高学生知识运用能力	通过学生读图答题检测是否能运用洋流分布规律判断流向及性质
能力提升	高考真题 图9是非洲马达加斯加岛示意图。图10是海洋表层海水温度与洋流关系示意图，图中a、b、c为等温线，a>b>c，箭头表示洋流流向。读图回答问题 3. 图9甲处的洋流与图10中①②③④所示的洋流相符合的是_____ 图9　　　　　　　　　　　　　图10			学生熟知高考考点，提高解题能力

续　表

环节	教师活动	学生活动	设计意图	达成检测
板书总结	洋流 { 性质：寒暖流 / 分布规律			

二、"农业区位因素"课堂观察报告

　　课堂观察是一种以教育教学研究和指导为基本目的的课堂研究活动。观察者带着明确的目的，通过深入课堂，凭借耳听（教学内容、教学语言等）、心感、脑思、手记等方法，借助有关辅助工具（观察表、录音、录像设备等），观察、了解和体验课堂教学活动。2014年4月，韶关市教育局地理教研室举行了一次主题为"教学目标的预设与达成"地理教研活动，并于4月10日在曲仁中学进行了课堂观察。

（一）课堂观察前的准备

　　首先，设计课堂观察量表。曲仁中学的黄老师（教龄四年，但高中教龄仅一年）根据市教研室的要求，对高中地理必修（二）第三章第二节"农业区位因素"进行了新授课教学设计（附件5，本书第129页）。然后，课题组成员、教研室李文老师等根据定稿的教学设计，以"教学目标的预设与达成"为主题，参考吴江林等主编的《课堂观察LICC模式课例集》，在课前从教师提问的有效性、教学素材资源有效运用的策略、学生活动的有效性、教学环节的有效性等四方面，设计了该内容的课堂观察量表。

　　其次，课前说课。在上课前，黄老师进行了该教学内容的说课活动，对象就是参与课堂观察的教师，目的是让参与课堂观察的教师对照四个观察量表，清楚黄老师本节课的课程标准、教材内容、学生学情等情况，特别是要清楚地理教学过程的设计及其设计目的。

　　最后，观课教师选择观察点。说课后，来参加活动的20多位教师按设计的观察表分成四个大组，确定负责人。

（二）课堂观察的资料整理分析

1. 教师提问的有效性

观察者：郭贤智、黄慧娟、罗文、谢炳仁、彭创生。

教师提问的具体问题及问题的有效性分析，详见表5-62。

表5-62　教师提问的有效性观察量表

教师提问（实录）	学生回答方式						教师理答方式					问题本身				
												层次			指向	
	思考时间	无应答	齐答	个别答	自由答	汇报	代答	不理	重复	鼓励	追问	识记	分析	评价	清晰	模糊
1. 同学们课前进行了预习，请问影响农业生产的自然因素有哪些？	无		√						√			√			√	
2. 影响农业生产的技术因素有哪些？	无		√						√	√		√			√	
3. 影响农业生产的经济因素有哪些？	无		√						√	√					√	
4. 影响美国农场生产（图中拖拉机耕地）的主要农业区位因素有哪些？	无			√						√		√			√	
5. 桃树种植时采用"一边倒"的种植方法，（指图）主要是为了桃树充分获取阳光吗？	无			√						√		√			√	
6. 新疆的水果比其他地方都甜，主要得益于什么？	无		√							√		√			√	
7. 农民喜欢将花生种在沙质土中，一来花生长势好，二来便于收获，原因是什么？	无			√					√	√			√		√	

续 表5-62

教师提问（实录）	学生回答方式						教师理答方式					问题本身				
	思考时间	无应答	齐答	个别答	自由答	汇报	代答	不理	重复	鼓励	追问	层次			指向	
												识记	分析	评价	清晰	模糊
8. 温室大棚主要是为了维持农作物生长所需的什么？	无			✓						✓		✓			✓	
9. 以色列的滴灌、自动化等现代化农业生产的特点是什么？	无			✓						✓	✓	✓			✓	
10. 南方山区的梯田农业充分利用了什么？	无			✓						✓		✓			✓	
11. 夏天荔枝的价格总比其他季节要便宜是受什么影响？	无			✓						✓	✓	✓			✓	
12. 袁隆平再次提升杂交水稻的亩产量是因为什么？	无			✓						✓		✓			✓	
13. 江南"鱼米之乡"，西北"风吹草低见牛羊"，农业区位因素的最主要差别是什么？	无			✓						✓	✓	✓			✓	
14. 荷兰鲜花在中国特卖，能达成此事主要依靠什么？	无			✓						✓		✓			✓	
15. 为什么中国榴莲的销售情况总是南方比北方好？	无			✓						✓		✓			✓	
16. 教材图中的两种粮食作物分别是什么？	无		✓						✓			✓			✓	
17.（承上）哪个是北方的粮食作物？	无				✓				✓			✓			✓	

续 表5-62

教师提问（实录）	学生回答方式						教师理答方式					问题本身				
	思考时间	无应答	齐答	个别答	自由答	汇报	代答	不理	重复	鼓励	追问	识记	分析	评价	清晰	模糊
18.（指中国地图回忆初中所学）纬度越高，气温越怎样？	无				√				√		√	√			√	
19.（指中国地图回忆初中所学）越往内陆，水分越怎样？	无				√				√		√	√			√	
20.教材图中的甘蔗生长在哪里？甜菜呢？	无	√							√	√	√	√			√	
21.根据农业生产的特性，你认为下列农业生产（水产养殖业和草原畜牧业）最好是在中国的东部还是西部地区进行？	无				√				√		√	√			√	
22.根据教材图片信息，你认为我国林业和种植业哪个在山地，哪个在平原？	无	√							√		√	√			√	
23.甘蔗和甜菜的分布与什么关系密切？	无				√				√		√		√		√	
24.东部水产养殖业和西部草原畜牧业差异的最主要原因是什么？	无			√					√				√		√	
25.日本的茶道爱好者把杭州的"明前龙井"茶带回日本栽培，但效果始终不好。为什么？	无				√				√		√		√		√	

教师提问（实录）	学生回答方式						教师理答方式					问题本身				
	思考时间	无应答	齐答	个别答	自由答	汇报	代答	不理	重复	鼓励	追问	识记	分析	评价	清晰	模糊
26. 教材图中的A是什么地方？为什么是水稻田？这么大一块地，有的同学写的是种树，为什么不好？	10分钟				√				√		√	√			√	
27. 山地地形适合种什么？				√					√		√	√			√	
28. 教材图中的B是水库，安排什么？				√					√		√	√			√	
29. 教材图中的F是什么？为什么？				√					√		√	√			√	
30. 教材图中的C是什么？为什么？				√					√		√	√			√	

注：表中时间单位为"秒"

观察结果分析及教学建议：依据记录的资料进行了分析，分析结果如下。

表5-63 资料分析表

	学生回答方式					教师理答方式					问题本身				
	无应答	齐答	个别答	自由答	汇报	代答	不理	重复	鼓励	追问	识记	分析	评价	清晰	模糊
频次	0	5	13	12	0	1	0	17	15	16	24	6	0	30	0

① 问题有层次、指向清晰。学生的回答能反映教师的提问情况，从统计结果看，学生基本能根据教师的提问作答，"无应答"为0。问题层次主要在"识记"，指向清晰。

② 提问的思维层次较低，但是符合学情。按照布卢姆目标分类说，提问

可以分为六个层次的问题，有关知识识记、理解和运用的提问属于较低层次的思考水平，而有关分析、综合和评价的提问属于高层次的思考水平。统计的30个提问中，没有属于"评价"层次的，"分析"层次的也只有六个，只占20%，而且这六个提问中，简单分析的多。例如："甘蔗和甜菜的分布与什么关系密切？"而且主要集中在"小组探究活动"部分。从教师给的"思考时间"看，除"小组探究活动"部分给时间外，其余基本没有思考时间，也说明所设计的问题思维层次不高。曲仁中学是韶关市C类学校，学生基础知识较薄弱，能力不强，因此，虽然教师所设计的问题思维层次不高，但是，所设计的问题定位比较准确，符合学情。

③ 教师理答和学生回答方式有待改进。一般情况下，教师理答可简单地分为满意或不满意。满意的表现通常是称赞；不满意的表现通常是打断、代答、批评、不理睬或追问。重复答案则是教师强调或学生发言不够清晰。对学生回答不满意的种种表现中，追问是一种更积极的态度。黄老师30次提问有17次重复、16次追问，虽然有15次鼓励，但理答方式还可以改进，鼓励方式还应增加。学生回答方式中"个别答"和"自由答"共25次，但"汇报"为0，在"小组探究活动"环节，可以采用"汇报"方式。

2. 教学素材资源有效运用的策略

观察者：林叶水、朱国院、周建民、邓友利。

（1）观察点选点说明

地理素材资源是文字、图片、地图、表格、动画、视频等各种形式地理教学资源资料的总称。在地理教学设计中，地理素材资源的应用占据极其重要的地位。在地理教学设计中，地理素材资源的应用，并不是一个简单的资料叠加，而是一个对地理素材资源在分析、筛选、组合和改造基础上，加以合理利用的资源整合过程，整合的优劣直接影响着教学效果的好坏，需要教师特别重视，并讲求运用策略。"农业区位因素"涉及的因素有很多。例如，自然因素就有光照、热量、降水、地形、土壤、水源等，内容繁杂。如何合理利用教学素材资源，在很大程度上关系到教学目标的最终达成。因此，"教学素材资源有效运用的策略"成为关注的焦点。

（2）观察量表及观察结果说明

教学素材是为实现教学目标服务的。生动、简约、科学的地理教学资源有利于促进教学目标的达成，有利于促进学生的学习。因此，"生动性""科学性""简约性""目的性"成为观察地理教学素材运用的四个方面。我们参考吴江林等主编《课堂观察LICC模式课例集》设计了表5-64，并得到了以下观察结果。

表5-64　教学素材资源有效运用的策略

素材名称	素材类型	素材来源	生动性				科学性			简约性		目的性	
			新颖性	趣味性	情境度	知识准确度	内容契合度	学情适合度	使用数量	整合方式	呈现时间	目标指向	利用方式
1 美国农场的机械化生产	图片	课外	A	A	A	A	A	A	A	A	A	重点	简单呈现
2 桃树种植"一边倒"	图片	课外	A	A	A	A	A	A	A	A	A	重点	简单呈现
3 新疆的葡萄甜	图片	课外	A	A	A	A	A	A	A	A	A	重点	简单呈现
4 花生种植在沙土中	图片	课外	A	A	A	A	A	A	A	A	A	重点	简单呈现
5 温室大棚	图片	课外	A	A	A	B	A	A	A	A	A	重点	简单呈现
6 以色列的滴灌	图片	课外	A	A	A	A	A	A	A	B	C	重点	简单呈现
7 南方梯田	图片	课外	B	B	B	B	B	B	A	B	A	重点	简单呈现
8 夏天荔枝的价格便宜	图片	课外	B	B	B	B	B	B	A	B	A	重点	简单呈现
9 袁隆平的杂交水稻	图片	课外	B	B	B	A	A	A	A	A	A	重点	简单呈现
10 江南水乡与西北草原	图片	课外	B	B	A	B	C	A	A	A	A	重点	简单呈现
11 荷兰鲜花在中国热卖	图片	课外	B	B	A	A	B	B	A	A	A	重点	简单呈现

续 表5-64

素材名称		素材类型	素材来源	生动性				科学性			简约性		目的性	
				新颖性	趣味性	情境度	知识准确度	内容契合度	学情适合度	使用数量	整合方式	呈现时间	目标指向	利用方式
12	榴莲销售情况南方比北方好	图片	课外	A	B	B	A	C	B	A	B	A	重点	简单呈现
13	我国位置示意图	地图	课外	B	B	A	A	B	B	A	B	A	能力	教师讲解
14	水稻与小麦	图片	课外	B	B	B	A	C	B	A	B	A	重点	简单呈现
15	甘蔗与甜菜	图片	课外	B	B	B	A	A	A	A	A	A	重点	简单呈现
16	中国种植业与畜牧业分区图	地图	课外	B	B	B	B	C	A	A	A	C	重点	教师讲解
17	水产养殖业和草原畜牧业	图片	课外	A	A	A	A	A	A	A	A	A	重点	简单呈现
18	林业与种植业	图片	课外	A	A	A	A	A	A	A	A	A	重点	简单呈现
19	龙井茶在日本栽培不成功	文字	课外	A	A	A	A	A	A	A	A	A	重点	教师讲解
20	温带城郊农业区位布局	地图	课外	A	A	A	A	A	A	A	A	A	能力 情感	问题探究

注：观察量表制定参考吴江林等主编《课堂观察LICC模式课例集》P166～167

1. 新颖性：A.新颖 B.一般 C.陈旧
2. 趣味性：A.有趣 B.适中 C.枯燥
3. 情境度：A.良好 B.适中 C.欠佳
4. 知识准确度：A.引用材料知识正确 B.引用材料存在知识错误
5. 内容契合度（与教学内容的相关性）：A.紧密 B.适中 C.不强
6. 学情适合度：A.适度 B.过简 C.过难
7. 使用数量：A.适度 B.偏少 C.偏多
8. 整合方式：A.适度 B.过简 C.过繁
9. 呈现时间：A.适中 B.过长 C.过短
10. 目标指向：指素材针对的教材具体教学目标或过程，包括导入、重难点、能力培养、情感态度塑造等
11. 利用方式：包括简单呈现、教师讲解、问题探究、角色扮演等

　　（3）观察结果分析及教学建议

　　本节课的信息量非常大，学生既要通过教师给予的信息判断农业生产的区位因素（自然因素、农业技术经济因素、农业社会因素），又要分别从宏观和微观角度进行农业区位的分析与选择，高一学生在理解上有不小的难度。因此，教学素材资源的优化组合和合理利用，就显得尤为重要。

　　根据观察结果，对本节课素材资源利用情况分析如下。

　　① 素材类型和来源。素材有图片、文字和地图三种类型，其中图片16幅（组），占总素材绝大部分（80%），这些图片素材直观，有利于学生接受信息；但地图（3幅）和文字素材（1个）偏少，因此素材较单一，对学生分析能力的培养不利。本节课素材资源均来自课外，客观上可能让学生认为课本不重要，这对教学是不利的。如何引导学生重视课本、挖掘课本资源，如何平衡课本外资源和课本内资源，并进行优化组合和合理利用，是值得教师很好研究的地方。

　　② 素材的生动性和科学性。许多素材很新颖，也能够激发学生的学习兴趣，比较符合该校校情和高一学生的实际学情。同时，在科学性方面，大多数很好地处理了素材与教学目标及教学内容的契合性，但是，有五处值得商榷：一是"温室大棚主要是为了维持农作物生长所需的什么（热量）"。该设问是不是应该改为"温室大棚改造了什么农业区位因素。"二是"南方山区的梯田农业充分利用了什么（地形，图片中梯田种植的是水稻）"。实际上，影响水稻种植的主导区位因素是气候，如果图中强调的是水稻，则影响其种植的主导区位因素是气候，如果图中强调的是梯田而不是水稻，应改为"南方山区的梯田改造了什么农业区位条件（地形）"才准确。三是"夏天荔枝的价格总比其他季节要便宜，为什么？（市场供应）"，荔枝是夏天成熟的，市场供应充足。所以，夏天荔枝的价格总比其他季节要便宜，但这些都没有影响荔枝的种植。我们知道，荔枝容易腐烂变质，在交通不发达和不具备保鲜冷藏技术的时代，在我国北方的人们基本是吃不到荔枝的，故该设问改为"产自我国华南的荔枝，大规模进入北方市场，主导区位因素是什么"，就比较契合，而且也把课本P62的相关内容整合其中了。四是"中国种植业与畜牧业分区图"，该图中用的繁体字标注，而且没有台湾岛，不契合。五是"江南'鱼米之乡'，西北'风吹草低见牛羊'，农业区位因素的最主要差别是什么？（水分）"，在影响农业区位因素的自然因素中，是没有"水分"这种说法的，况且西北'风

吹草低见牛羊'展现的是草原景观，主要是气候因素影响的结果，也就是说，西北地区以温带大陆性气候为主，多草原，适宜的是畜牧业，江南是亚热带季风气候，雨热条件好，适合发展水稻种植和水产养殖。

③素材的简约性和目的性。本节课的素材都比较简洁、明了，大多数经过了精心挑选，大部分素材呈现的时间适中，留给学生的思考时间比较充裕，特别是"温带城郊农业区位布局"的呈现，不仅时间充裕，而且给每组一张卡纸和笔，开展探究活动，目标指向重点、能力培养和情感态度塑造等，目的性非常强。

3. 学生活动的有效性

观察者：张东顺、徐燕冰、胡仙、罗文。

（1）观察点选点说明

选择学生活动的有效性作为本节课的观察点，主要是考虑学生学习是课堂的主要活动，教师既通过设计学生活动达成预设目标，又能从学生活动的实际情况判断本节课的目标达成情况，并适时地调整自己的教学，促进教学目标的达成。

（2）观察量表及观察结果说明

首先界定"学生活动"的含义，即教师处于相对静止状态下，学生相对独立的各种学习活动。影响学生活动的因素中，活动内容、活动形式、活动时间等，都对活动效果产生影响。据此，我们设计了表5-65，并得到了观察结果。

表5-65　学生活动的有效性

活动主题	规则	时间	活动描述
活动一：小组必答题竞赛（判断影响农业生产的主导区位因素）	6个小组，每组2道题，正确加2分；错误加0分，由其他小组补答：正确加1分，错误加0分	12分钟	按组的序号抽号，1～6组分别抽号为：②⑧、④⑩、③⑥、⑪⑫、①⑦、⑤⑨。6个组共20人次参与回答，气氛热烈活跃。竞赛结束后教师没有公布小组成绩，没有做出评价
活动二：小组合作探究（城郊农业区位分析和选择）	6个小组，每个小组一张卡纸，一支油性笔，小组讨论后，把答案写在白板上展示，写对一个加2分；错误减1分	10分钟	小组成员讨论热烈，有2组写得较完整，3组进行了布局，但原因写得较少，只有1组基本没有写。写完后教师没有依次展示成果，只是收上来放在讲台上，然后是教师问学生答或是自问自答。结束后教师没有公布小组成绩，没有做出评价

注：观察量表，笔者根据授课者教学设计制定

（3）观察结果分析及教学建议

两个活动设计有特色，第一个活动采取小组竞赛形式，检查学生预习效果，第二个活动采取小组合作探究形式，交流讨论、要求学生学以致用，提升能力，层次清晰，共用时22分钟，占本节课总时间的55%，体现了学生主体的理念。

第一个活动，主要是检查学生的预习和完成学案情况，每个组都积极作答，回答错误时其他组成员积极抢答。共20人次参与回答，12道题必答，第一次回答正确的有七道题，有五道题在第一次回答不正确后，学生参与抢答。但教师极少让学生说明分析思路，回答错误后基本都是教师解答，故用竞赛形式检测学生对农业区位因素的掌握情况不够理想。竞赛结束后，教师没有公布小组成绩，没有对小组表现进行评价，一定程度上影响了小组学习的积极性。

第二个活动，主要是学以致用，提升能力。六个组的小组成员均积极参与，热烈讨论，围绕教师给出的情境开展问题探究，有两个组既布局合理，理由分析也写得较完整。三个组进行了布局，但原因分析写得较少，只有一个组基本没有写。但10分钟后教师把各组的卡纸收上来，没有展示成果，只是教师问学生答，或自问自答的形式完成该城郊农业的布局，结束后教师也没有公布小组成绩，没有做出评价。原因可能是时间过紧，教师为完成教学任务"往前赶"，这样就使得该"活动"有形式、无实质，对检测学生的学习是否达成大打折扣。

建议优化教学设计，适当增加两个活动的时间，以便教师有时间公布小组成绩，对小组活动给予适当评价，进一步激发学习地理的积极性，强化小组合作意识。第二个活动增加成果展示环节，使完成得好的小组具有成就感，并加深对所学知识的理解；使完成得不够好的小组有紧迫感，并纠正对所学知识的错误理解。

4. 教学环节的有效性

观察者：曾胜平、周莉莉、韩丹、李玉钧。

（1）观察点选点说明

根据黄老师的教学设计和说课，在教学环节上已经进行了精心的设计，这些环节如何在课堂上有效地落实，促进学生学习目标的达成，成为关注点。因此，选择教学环节的设计是否有利于教学目标的达成，作为我们的观察点。

（2）观察量表及观察结果说明

从本节课的教学设计看，整节课可以分为四个环节。除了教学内容与环节的设计外，课堂上教学时间的分配、教师的教学活动、学生的学习活动等，也是教学目标能否达成的重要因素。同时，目标的达成度也需要通过课堂的实际情况进行反馈与分析。设计表5-66并得到如下观察结果。

表5-66　教学环节的有效性

环节	环节内容	时间	教师活动描述	学生活动描述	目标达成反馈描述
1. 目标学习	明确目标	1分钟	PPT展示本课教学目标	齐读	无
2. 自学检查	师问生答	4分钟	教师分别提出三个问题（影响农业生产的自然因素、技术因素和社会经济因素），教师根据学生的回答板书在黑板上	针对教师提出的三个问题学生分别齐答	80%学生参与回答，齐答较整齐
3. 夯实基础（农业区位因素）	12个素材所含的区位因素判断	12分钟	教师组织小组必答题竞赛，先明确竞赛规则，然后按小组序号请组长抽号，每组两个号，该组成员回答正确加2分；错误加0分，并由其他小组补答，正确加1分，错误加0分。1～6组分别抽号为②⑧、④⑩、③⑥、⑪⑫、①⑦、⑤⑨教师主持竞赛，通过语言激发不同组抢分	6个组共20人次参与必答和抢答，轮到的小组气氛热烈活跃，其他组有讨论	共20人次参与回答，12道题必答第一次回答正确的有7道题，有5道题第一次回答不正确后，学生参与抢答，共13人次。①⑥组得5分，⑤组4分，③组3分，其余两组各2分
4. 能力提升（从宏观角度进行农业区位分析和选择）	温习基本的气候知识判断小麦和水稻	3分钟	PPT呈现我国位置示意图，教师引导学生从纬度位置和海陆位置的变化思考气温和水分的变化，要求学生判断影响小麦和水稻的主导区位因素	学生思考，自由回答	约80%回答正确
	判断两种糖料作物的种植		PPT呈现甘蔗和甜菜的生长习性，要求学生判断影响其种植的主导区位因素	集体回答	同上
	判断水产养殖和畜牧业、林业和种植业		PPT呈现水产养殖和畜牧业、林业和种植业景观图，要求学生判断影响其生产的主导区位因素	集体回答	同上

续 表5-66

环节	环节内容	时间	教师活动描述	学生活动描述	目标达成反馈描述
5.能力提升（从微观角度进行农业区位分析和选择）	城郊农业布局	15分钟	教师组织小组合作探究，6个小组，每个小组一张卡纸，一支油性笔。小组讨论后，把答案写在白板上展示，写对一个加2分，错误减1分。前10分钟小组活动，后5分钟师问生答或是自问自答	前10分钟小组成员热烈讨论、交流，在卡纸上书写答案；后5分钟教师问学生答	有2组写得较完整，3组进行了布局，但原因写得较少，还有1组基本没有写

注：观察量表制定，参考吴江林等主编《课堂观察LICC模式课例集》P37

（3）观察结果分析及教学建议

从时间分配来看，本节课重点突出。本节课重点是环节三的"农业区位因素判断"，用时12分钟，环节四的"城郊农业布局"用时15分钟，共27分钟，约占41分钟的66%。

从教师活动看，体现新课程理念，教师的主导作用较明显，教师是课堂的组织者和学生学习的引导者。例如，组织小组必答题竞赛和组织小组合作探究两个活动，组织学生开展小组竞赛，检查自主学习的情况，组织小组合作探究，提升学生的学习能力。但遗憾的是，教师没有按竞赛和小组合作探究规则统计小组的得分，也没有对小组的表现进行恰当的点评和评价。

从学生活动看，学生的主体地位突出，学生主动学习和合作学习的意愿较强。在小组必答题环节，能够积极抢答，有20人参与；在小组合作探究活动中，能合理分工、团结协作，共同完成任务，每个组都热烈讨论、交流。但是，在讨论过程中，围绕C、D如何区分展开争论，导致有的小组没有完成。总的来说，六个组中有两个小组完成任务较完整，只有一个组完成较慢，也即85%以上的学生基本完成任务，目标达成较好。

值得商榷的部分教学环节。本节课是设计并围绕三个教学目标展开的，目标之一是"通过给予的信息判断，影响某一农业现象的农业生产区位因素是什么"，目标之二是"利用自然因素，从宏观角度进行农业区位的分析和选择"，目标之三是"结合农业技术和社会因素从微观角度进行农业区位的分析和选择"。完成目标一用时12分钟，目标二用时9分钟，目标三用时15分钟。目标二的有些内容已经在目标一完成，可以适当减少目标二的用时，突出目标一和目标三，特别是目标三。目标三已经耗时10分钟用于学生合作学习，学生有了成果，但由于时间紧，没有进行成果展示，没有教师点评，并且与小组竞赛活动一样，教师都没有公布成绩。这样一方面，不能让学生知道自己的成果是否正确，没有对正确认识和理解进行强化，也没有对错误认识和理解马上进行纠正，使目标达成大打折扣；另一方面，可能导致学生认为，分小组是没有必要的，从而降低了集体荣誉感的预期，降低了合作学习的意愿，减弱了学生的学习积极性。

（三）课堂观察的启示

"课堂观察"是一种行为方法系统，它由明确观察目的、选择观察对象、确定观察行为、记录观察情况、处理观察数据，以及呈现观察结果等一系列行为构成。与传统的听评课活动相比，有以下改变：

一是听评课教师在听课前与授课教师进行交流，能比较准确地把握本堂课的教学目标，大大减少听课过程中的主观随意性。

二是听课教师团队分工合作，有的主要关注教师的行为，有的主要关注学生的行为，有的主要关注教学资源的处理和利用，有的主要关注课堂组织，各司其责，各有侧重。

三是重视证据、用事实说话，量化评课语言，针对性强，能很好地促进授课教师和参与课堂观察的教师专业发展。

附件5：

"农业区位因素"教学设计

韶关市曲仁中学　黄晓林

【课程标准】

分析农业区位因素，举例说明主要农业地域类型特点及其形成条件。

【课标分析】

（1）分析农业区位因素，必须先要熟悉各种农业区位因素的名称，并能够从所给的信息去判断不同的农业区位因素。这是本课最基础的知识要求，通过读图、读文字等教学活动训练，务必让所有学生在课堂中就能熟练掌握。

（2）举例说明主要农业地域类型特点及其形成条件，必须先要掌握本课时农业区位的一般选择规律。对农业区位的分析和选择，主要从宏观和微观两方面着手，宏观上主要考虑自然因素，微观上则要结合农业技术和社会因素进行考虑。学生熟练掌握了以上知识，才能更好地掌握下一课时的农业地域类型的相关知识。

（3）"举例说明"注重的是实际应用，所以，教学过程应该以培养学生动手实践能力为主。

【学生分析】

1. 教学对象

曲仁中学高一（6）班，文科普通班。

2. 基本学情

（1）学习水平参差不齐。教学中需合理分层设置学习任务，争取全部能学会判别不同的农业区位因素，能力较高的同学掌握农业区位布局的一般方法。

（2）基础较薄弱。设计判断农业区位因素的教学活动时，为了让更多的同学熟练掌握，加入对图片信息的引导，加深其学习印象。

（3）集中力不强。教学中要不断给予学习任务，课程流程中主要由学习活动全程贯穿。其中，学习农业区位布局难点时，使用小组合作讨论法，让学生亲身体会农业区位布局的一般规律，学会分析农业区位的一般方法。

（4）表现欲较强。教学中可利用小组竞赛、成果展示等方法，调动学习积极性。

【学习目标】

（1）通过给予的信息，判断影响某一农业现象的农业生产区位因素是什么。

（2）利用自然因素，从宏观角度进行农业区位的分析和选择。

（3）结合农业技术和社会因素，从微观角度进行农业区位的分析和选择。

【重难点】

1. 重点

通过给予的信息，判断农业生产的区位因素（自然因素、农业技术经济因素、农业社会因素）。

2. 难点

利用农业区位因素进行农业生产布局的分析和选择（运用于实际分析）。

【教学方法】

小组学习法、小组竞赛、任务驱动法。

【教具】

白色卡纸、黑色油性笔、电脑多媒体。

【教学过程】

环节	教师活动	学生活动	设计意图	效果检测
导入	设置情境问题：日本栽培杭州"明前龙井"效果不佳；法国葡萄与新疆葡萄的对比 转承：到底是什么原因，使得相同的农作物产生了如此大的差异？它又能对我们的农业活动产生怎样的指导意义呢？		引发学生思考，进入学习情境	
目标学习	PPT展示学习目标	齐读学习目标	明确课堂的主要学习目标	
自学任务	PPT展示自学任务：自学教材P59～P61，完成《南方新学案》P34"自主预习"部分	分层次完成自学任务： （1）新手上路：第1、2、3填空题 （2）高手修炼："交流"题目	（1）熟悉课文 （2）培养学生自学能力	在活动一环节中进行检测

续 表

环节	教师活动	学生活动	设计意图	效果检测
夯实基础	一、农业区位因素 活动一：提供12张图片加文字信息，请学生抽取判断：影响下列农业现象的主要农业区位因素 （1）袁隆平再次提升杂交水稻的亩产量 （2）美国农场的机械化生产 （3）温室大棚主要是为了维持农作物生长所需的什么？	学生自学后，运用自己对农业区位因素的理解，对信息进行判断 小组必答：每组辨别2个题目，正确加2分；错误加0分，并由其他小组补答：正确加1分，错误加0分	（1）检测预习成果。尤其检查学生对不同农业区位因素的概念理解 （2）初步熟悉各种农业区位因素中自然因素、农业技术经济因素、农业社会经济因素	检查学生回答情况，了解是否已经能辨别不同的农业区位因素
	（4）中国新疆的水果比中国其他地方都甜，主要得益于什么？ （5）荷兰新季鲜花在中国特卖，能达成此事主要依靠什么？ （6）以色列的干旱地区滴灌、自动化等现代化农业生产 （7）江南"鱼米之乡"，西北"风吹草低见牛羊" （8）桃树种植时采用"一边倒"的种植方法，主要是为了充分利用什么？ （9）中国榴莲的销售情况总是南方比北方好，为什么？ （10）政府为农民的农业生产提高收入颁布政策 （11）南方山区的梯田农业充分利用了什么？ （12）夏天荔枝的价格总比其他季节要便宜，为什么？ 小结并转承：农业生产的区位因素很多。在进行农业生产时，最先要关注的应该是哪个因素呢？			

续 表

环节	教师活动	学生活动	设计意图	效果检测
能力提升	二、农业区位布局 从宏观角度进行农业区位分析和选择 温故：我国南方和北方、东部和西部应该选择何种农业生产类型？ 转承：宏观自然条件对农业区位的选择有什么影响？ 活动二：以中国为例，进行农业区位分析 （1）根据农作物生长特性，你认为下列农作物最好是在中国的南方还是北方地区种植？糖料作物——甘蔗和甜菜	小组合作一：通过温习基本的气候知识，结合自然因素来分析中国南方和北方、东部和西部该选择何种农业生产抢答正确加2分；错误加0分；补答正确加1分；错误加0分	培养学生读图能力，借助中国典型的农业生产活动，让学生运用自然因素进行农业区位分析。糖料作物的区位主要考虑热量，水产和畜牧业的区位主要考虑水分	学生回答问题时进行点评，检查学生是否能运用自然因素对农业区位进行分析
	（2）根据农业生产的特性，你认为，下列农业生产最好是在中国的东部还是西部地区进行？水产养殖业和草原畜牧业 小结并转承：热量、光照和水分，都是自然因素。自然因素是最基本的农业区位因素。那么从微观角度进行农业区位的分析和选择，又需要如何考虑？ 二、农业区位布局 从微观角度进行农业区位分析和选择 活动三：下图为温带地区某城镇周围农业区位布局，请把以下农业安排在你认为最合理的地方：玫瑰花场、苹果园、水稻田、养鱼场、奶牛场、自动化实验田 	小组合作二：运用读图技能，结合农业技术和社会经济因素，把农业生产安排在合理的区域。小组讨论后，把答案写在白板上展示，写对一个加2分；错误减1分	培养学生协作探究能力，借助进行农业生产布局活动，让学生运用自然因素考虑农业区位的同时，结合农业技术和社会因素进行小范围内的农业区位选择	观察学生讨论，点评学生展示的布局成果。检查学生是否能通过动手实践解决农业区位布局。检查是否把农业技术和社会因素都全面考虑到位

续　表

环节	教师活动	学生活动	设计意图	效果检测
板书总结	一、农业区位因素 （1）自然因素——最基本的因素 （2）农业技术经济因素——重点考虑市场和交通 （3）农业社会经济因素 二、农业区位分析和选择——"因地制宜"			
练习作业	夯实基础： "南方新课堂"P37第1、2题 "巩固与提升"P17第1、2、3题 能力提升： "巩固与提升"P18第9题		分层作业，针对不同学习层次的学生	课后教师批改

三、"流域的综合治理与开发"课堂观察报告

课堂观察是一种以教育教学研究和指导为基本目的的课堂研究活动。观察者带着明确的目的，通过深入课堂，凭借耳听（教学内容、教学语言等）、心感、脑思、手记等方法，借助有关辅助工具（观察表、录音、录像设备等），观察、了解和体验课堂教学活动。

2014年11月，韶关市教育局地理教研室举行了一次主题为"教学目标的预设与达成"地理教研活动，并于11月20日在市田中进行了课堂观察。

（一）课堂观察前的准备

首先，设计课堂观察量表。市田中的罗老师根据市教研室的要求，对高中地理必修（三）第二章第三节"流域的综合治理与开发"进行了教学设计（参见本书P60～70）。然后根据教学设计，参考吴江林等主编的《课堂观察LICC模式课例集》，设计了该内容的课堂观察量表。

其次，课前说课。在上课前，罗老师进行了该教学内容的说课活动，罗老师把该内容的课程标准、教材内容、学生学情等进行了说明，重点说明地理教学过程的设计及其设计目的。

最后，观课教师选择观察点。说课后，来参加活动的30多位教师按设计的观察表分成四个大组，确定负责人。

（二）课堂观察的资料整理分析

1. 教师提问的有效性

（1）观察点选点说明

提问是课堂教学中重要的教学方法，提问的技巧关乎教学的效果，恰如其分的提问，不但可以活跃课堂气氛，激发学生学习兴趣，了解学生掌握知识的情况，而且可以开启学生心灵，诱发学生思考，开发学生智能，调节学生思维节奏，还可以与学生做情感的双向交流。通过提问，还可以引导学生进行回忆、对比、分析、综合和概括，达到培养学生综合素质的目的。

（2）观察量表及观察结果说明

教师提问有效性的观察，需从"教师提问——学生回答——教师理答"角度作整体性判断。观察教师提问，首先要对其进行界定，我们把凡是能引起学生思考或需要学生主观判断的语言表达，都认为是"教师提问"，但"是不是"之类的口头禅除外，观察时以实录方式进行。观察学生回答，考虑学科特点和思考时间，则从回答的方式角度进行观察。观察教师的理答，也从理答方式的角度展开观察。此外，问题的层次和指向也是提问有效性的重要指标。

根据以上分析，设计了表5-67，并得到了相关的观察结果。

表5-67　教师提问的有效性观察量表

教师提问（实录）	学生回答方式						教师理答方式					问题本身				
	思考时间	无应答	齐答	个别答	自由答	汇报	代答	不理	重复	鼓励	追问	层次			指向	
												识记	分析	评价	清晰	模糊
1. 图示流域的范围是什么颜色？	无		√							√		√			√	
2. 影响农业生产的自然条件有哪些？	短		√						√			√			√	
3. 田纳西河流域发展农业的气候是什么（光热水）？	3			√							√		√		√	

续 表5-67

教师提问（实录）	学生回答方式						教师理答方式					问题本身				
	思考时间	无应答	齐答	个别答	自由答	汇报	代答	不理	重复	鼓励	追问	层次			指向	
												识记	分析	评价	清晰	模糊
4. 影响热量、光照的因素有哪些？	短				√						√	√			√	
5. 地形对农业的有利和不利影响是什么？	2			√						√			√		√	
6. 发展工业的区位条件是什么？	无						√						√		√	
7. 田纳西河流域发展工业的有利和不利条件有哪些？	2			√							√	√	√		√	
注：表中时间单位为分钟																

（3）观察结果分析及教学建议

依据记录的资料进行了分析，分析结果如下：

表5-68　资料分析

	学生回答方式					教师理答方式					问题本身				
	无应答	齐答	个别答	自由答	汇报	代答	不理	重复	鼓励	追问	层次			指向	
											识记	分析	评价	清晰	模糊
频次	0	2	3	1	0	1	0	1	2	3	4	3	0	7	0

① 问题有层次，指向型清晰，有效性较强。从统计结果看，学生基本能根据教师的提问作答，"无应答"为0，学生的回答与教师的提问是相对应的，问题指向清晰，问题层次在"识记"与"分析"。

② 提问的思维层次搭配较合理。按照布卢姆目标分类说，提问可以分为

六个层次的问题，有关知识识记、理解和运用的提问属于较低层次的思考水平，而有关分析、综合和评价的提问属于高层次的思考水平。从记录结果（四次识记、三次分析）来看，教师能在课堂教学中，围绕教学目标、根据教学内容，设计不同思维水平的问题。

③ 理答方式态度积极。一般情况下，教师理答可简单地分为满意或不满意。满意的表现通常是称赞；不满意的表现，通常是打断、代答、批评、不理睬或追问。重复答案则是教师强调或学生发言不够清晰。对学生回答不满意的种种表现中，追问是一种更积极的态度。罗老师七次提问中有两次鼓励、三次追问，理答方式态度积极。但是，从所给思考时间看，停顿时间少，提问后应多留意学生的思考、讨论过程中的反应，或予以适当的引导和提示，让学生有充分的余地做好接受问题和回答问题的准备，在对区域分析过程中，涉及必修二的区位分析相关内容，如果能够进行更详细的处理，则效果更佳。

④ 总体设计的提问过少。本节课只记录七个提问，说明有些问题不具体、综合性强、跨度大，如果问题分解细化，课堂教学推进会顺利得多。

2. 学习目标的达成

（1）观察点选点说明

本节课罗老师设计从农业和工业角度分析田纳西河流域开发的有利和不利条件，角度新颖，重点突出。如何达成学习目标，成为关注的焦点。

（2）观察量表及观察结果说明

根据罗老师的说课和本节课的教学设计，我们要观察本节课的教学目标，需要考虑三个问题：一是学生是否知道学习目标，如何知道的？二是教学目标是通过哪些途径实现的，这就关系情境创设、学生学习活动设计等要素；三是教学目标达成检测。

根据以上分析，我们设计了表5-69，并得到了观察结果。

表5-69　学习目标的达成

预设目标	了解流域的概念	从农业发展的角度，分析田纳西河流域开发的有利和制约条件
学习目标呈现方式	教师口述"什么是流域"	教师口述

续 表5-69

预设目标	了解流域的概念	从农业发展的角度，分析田纳西河流域开发的有利和制约条件
情境创设（布置任务、背景材料、学习活动条件等）	PPT呈现"流域示意图"和"流域景观图"，讲解"分水岭""干流""支流"，以及流域范围	（1）复习农业区位，并板书在黑板上 （2）PPT呈现"田纳西河流域地形图"和"气温和降水量统计图"，要求学生根据发展农业的自然条件气候（光照、热量、降水）、地形、土壤、水源等，先独立分析田纳西河流域发展农业的有利和不利条件，然后再与其他同学交流，完善自己的答案
学习活动	在地图中找出流域，明确田纳西河流域的范围	（1）学生根据"气温和降水量统计图"独立写出答案，然后再与其他同学交流 （2）学生根据"田纳西河流域地形图"独立写出答案，然后再与其他同学交流
教学目标达成检测	基本能找出田纳西河流域的范围	（1）气候角度分析基本能写出 （2）地形角度分析写出来的不多

（3）观察结果分析及教学建议

从学习目标呈现方式看，采用口述方式合理。

从情境创设看，比较恰当。例如，"了解流域的概念"提供了"流域景观图"和"流域示意图"，从直观到抽象，符合认知规律。"从农业发展的角度，分析田纳西河流域开发的有利条件和制约条件"，提供了"田纳西河流域地形图"和"气温和降水量统计图"，重点突出，并复习农业区位因素，教师为学生自主独立学习做铺垫。

从学习活动看，有个体自主学习、有小组交流讨论、有展示点评，流程清晰。

从教学目标达成检测看，"了解流域概念"部分，学生能找出田纳西河流域的范围，但还可以请学生对照PPT呈现的图指出范围，目标达成检测情况更清楚。"从农业发展的角度，分析田纳西河流域开发的有利条件和制约条件"部分，气候特征能够写出，但哪些是对农业生产有利或不利的写出的少；地形特征不会从上、中、下游分开分析，地形对农业生产的分析基本写不出来。

改进建议有三点。一是可以找两位学生到黑板上写，有效暴露不足。二是活动的设计具体化，降低难度，保障学生能顺利完成活动，达成目标。三是有些难度较大的内容设置为填空或填表，节省时间，突出重点。

3. 学习活动的有效性

（1）观察点选点说明

选择学习活动的有效性作为本节课的观察点，主要是考虑学生学习是课堂的主要活动，教师既通过设计学习活动达成预设目标，又能从学习活动的实际情况，判断本节课的目标达成情况，并适时地调整自己的教学，促进教学目标的达成。

（2）观察量表及观察结果说明

首先界定"学习活动"的含义，即为教师处于相对静止状态下，学生相对独立的各种学习活动。影响学习活动的因素中，活动内容、活动形式、活动时间等，都对活动效果产生影响。

据此，我们设计了表5-70，并得到了观察结果。

表5-70　学习活动的有效性

活动主题	分析田纳西河流域开发的气候条件	分析田纳西河流域开发的地形条件	分析田纳西河流域工业发展条件
独立活动描述：观察多少学生？是独立思考完成，还是照抄资料完成？多长时间？根据什么资料？任务完成情况怎样？目标达成情况？	观察8人，用时5分钟，3人独立完成（其中2人用了教辅资料照抄答案）、3人未动、2人画书。写得简单，只能写出降水充沛，夏季高温、冬季低温	观察8人，用时4分钟，1人写、1人未动、6人在书上画	观察8人，用时1分钟，1人独立写、3人看教辅资料照抄答案、3人未动、1人画书
交流活动描述：学生交流参与度、交流时间？多少人交流，交流的氛围，效果如何？目标达成情况？	8人中2人有交流，用时2分钟，参与度较低，交流后未做完善	8人中4人有交流，用时2分钟，交流后未做完善	教师没有给时间交流

（3）观察结果分析及教学建议

活动设计有铺垫、独立思考、交流讨论、展示点评等，层层深入，层次清晰，用时14分钟，占本节课总时间的35%，体现了学生主体的理念。

三个"独立活动"环节中，均有学生或是未动手，或是抄教辅资料，或是多只能写出零散的气候或地形特征，分析不出哪些是有利和不利的农业或工业生产条件，导致后面的"交流活动"积极性不高、参与性不够，交流后也没有完善补充。故此，学习活动的有效性不理想。

究其原因有三：一是教师引导不够，学生自己分析无从下手，虽然前面有"方法点拨"铺垫，但仅是必修二"农业（工业）区位因素"，而不会具体分析一个区域"流域"发展农业（工业）的有利和不利条件。二是高二学生刚开始学习"区域可持续发展"，基础尚低、能力尚缺，加上教师设问不具体，综合性较高，学生不会分析。三是部分学生还没有养成这种学习习惯，等老师讲解，或者等着抄写老师的板书。

建议改进活动的设计，可以减少一个活动，把第一个活动改为教师引导学生分析，然后让学生"参照"或"模仿"分析；或是"搭支架"，每个活动均设计出具体的问题。

比如，流域内农业生产的气候条件分析，可以设计成以下问题：①根据田纳西河流域气温和降水量统计图，写出田纳西河流域气温和降水的分布特征；②田纳西河流域发展农业生产的热量和光照条件如何？③田纳西河流域发展农业生产的降水条件如何？④田纳西河流域容易产生什么气象灾害？等等。

4. 教学环节的有效性

（1）观察点选点说明

罗老师的教学设计和说课，在教学环节上已经进行了精心的设计。这些环节如何在课堂上进行有效落实，促进学生的学习最终达成预设的目标，成为关注点。因此，选择教学环节的设计是否有利于教学目标的达成，作为我们的观察点。

（2）观察量表及观察结果说明

从本节课的教学设计看，整节课可以分为四个环节，除了教学内容与环节的设计外，课堂上教学时间的分配、教师的教学活动、学生的学习活动等，也是教学目标能否达成的重要因素。同时，目标的达成度也需要通过课堂的实际情况进行反馈与分析。

据此，设计了表5-71，并得到以下观察结果。

表5-71　教学环节的有效性

环节	环节内容	教学环节描述（时间分配、教师活动、学生活动、目标达成反馈）
1.导入新课	新课导入	教师展示世界古文明发源地，讲述河流对人类活动的密切关系；接着要求学生齐读课标，教师解读课标（条件、内容和对策），然后说明本节课侧重流域自然条件分析。用时2分钟
2.了解概念	展示图片布置任务 学生活动 教师小结	PPT展示"流域示意图"和"流域景观图"，讲解"分水岭""干流""支流"，以及流域范围；要求学生在地图册P47找出田纳西河流域；对比治理前后（治理前后的景观图）的田纳西河，教师讲解田纳西河成功治理。用时约5分钟
3.探究学习	方法点拨	影响农业区位选择的自然条件有哪些？学生齐答教师板书。用时2分钟
	学生活动之独立分析	活动一：学生根据田纳西河流域的气候统计图，独立写其气候特征，用时5分钟（学生写的时候，教师巡视并不断提示：气候对农业生产有什么用呢？原因是什么？） 活动二：学生根据田纳西河流域地形图，独立写出地形特征，用时4分钟
	学生活动之交流活动	交流一：教师要求1分钟交流。8人中2人有交流，实际用时2分钟，参与度较少，交流后未做完善 交流二：教师要求1分钟交流。8人中4人有交流，用时2分钟，交流后未做完善
		重点观察教师的点评（授课教师的语言是不是画龙点睛，点评学生材料运用是否恰当、能否准确提取信息、分析思路是否清晰、语言表述是否清晰准确、能否激发学生的求知欲，能否给出恰当的评价）
	展示点评	展示点评一：教师先请一位学生阐述其答案。从图中看出降水充足，地处亚热带，光照充足。但是，降水分配不均匀，易洪涝。教师再重复一次答案，提示是否有利于农业生产？该学生说雨热不同期（降水在冬春，夏秋少）。教师鼓励学生说讲得好，又讲述热量与纬度有关，举例说明青藏高原光照强（"热量"与"光照"的本质区别没有说清楚）。共6分钟 展示点评二：教师请一位学生阐述其答案。中、上游海拔较高，起伏大，发展水能。教师提示不是发展农业的条件，该学生继续回答，下游平原平坦，发展种植，上游起伏大，水土流失严重。教师再请另一学生回答，河流落差大，有利于修水库灌溉；旁边同学再补充，流域内山多，陆上交通不便。教师再次提示不是发展农业的条件，然后自己分析流域上中下游地形对农业的影响。共6分钟

续 表5-71

环节	环节内容	教学环节描述（时间分配、教师活动、学生活动、目标达成反馈）
4. 学以致用	方法运用、表述规范、科学性等	学生根据田纳西河流域地形图、气候图和矿产分布图等，分析发展工业的条件，用时4分钟。教师要求1分钟交流，由于时间近下课，刚开始就停止，请一位学生阐述其答案：矿产丰富、市场广阔、劳动力丰富，对发展工业有利，地形起伏大，交通不便。教师说所给图中没有市场和劳动力信息，依据矿产图矿产资源枯竭。已下课，用时3分钟。表述不够规范，对工业的条件分析不知从哪下手

（3）观察结果分析及教学建议

从时间分配来看，本节课重点突出，环节三和四共耗时33分钟，占40分钟的82.5%。环节三有两个探究活动，预设的独立分析时间均为2分钟，但实际都超时，分别用时5分钟和4分钟；因为环节三预设实际用时超出预设，导致环节四的时间不够，一是没有交流时间，二是分析不到位。

从教师活动看，所采用的素材丰富，共九幅图和一个课标解读，以分析农业和工业为切入点，设计思路新颖。部分设问不够清晰，如活动一是从气候角度进行分析，但学生写了地形等，说明教师没有强调关键点。分析发展工业的条件时，学生也没有结合所给材料，泛泛地写了市场、劳动力等方面内容。黑板上板书思路清晰，但太过于简单，PPT上内容虽然完整，但一晃而过，没有给学生时间。点评流域的概念不到位，没有在图中指出；光照和热量只摆了现象，没有说明原因；对图表中的信息提取缺乏指导。例如，没有具体指导用气温和降水统计图分析流域的气候特征；对学生生成的问题没有及时引导。例如，学生不会从流域上、中、下游的地形特征分析对农业的影响。

从学生活动看，探究活动中，学生三个独立分析环节用时13分钟，基本只能列举气候或地形特征，不会根据所给材料分析，而且不完整，缺乏条理性，还没有掌握分析方法，不会根据所给材料分析对农业或工业的影响；三个交流活动环节用时七分钟，交流气氛不热烈，参与度不够。

从目标达成反馈来看，有的预设基本达成，有的预设部分达成，有的预设基本没有达成。

基本达成的有了解概念环节，均能在地图册上指出田纳西河流域的范围。部分达成的，如对田纳西河流域发展农业生产的气候条件分析，能够分析降水特征的影响。但是，对热量和光照的区别没有弄清楚。基本没有达成的，例如，发展农业的地形条件分析和发展工业的条件分析，主要是缺乏方法的指导，对于发展农业的地形条件分析，教师请了三位同学，都没有分上中下游阐述，教师只得自己从上、中、下游分析各自的特征和适宜发展何种农业生产。另外，教师预设的活动时间在实施中均超时，导致目标达成大打折扣。

建议改进本堂课中的部分教学环节。

"导入新课"环节，对课标虽然进行了解读，但本节课的学习任务还不够具体，故可以把本节课的学习目标呈现出来，明确具体的学习任务或要求。

"探究活动"环节和"学以致用"环节，均采用"学生独立分析——学生交流探讨——师问生答展示点评"的流程。一是形式单调，显得学习过程枯燥；二是学生虽有"方法点拨"设计，但是没有运用过程的"参照（模仿）"，只能零散地写出气候或地形特征，很难写出对农业生产有何影响。因为本节课重点不是分析流域的气候或地形特征，而是流域内发展农业的有利和不利的气候或地形条件。故此，可以设计为教师引导学生分析流域内农业生产的气候条件，让学生有了对分析过程的"参照"，再按上述流程分析流域内农业生产的地形条件和工业生产的条件，可以避免大部分学生不知从何下手的尴尬。

第六节　实践研究结论

一、开展地理课堂观察实践转变了地理教师的教育教学观念

教育理念的转变，地理课程改革的深化，对地理教师的教学方式、师生关系、教学评价等方面，提出了新的要求。把课堂观察引入地理课堂并开展行动研究，使得地理教师以研究者的眼光审视地理课堂，用新的教学观、学生观、课程观、发展观、评价观研究地理课堂，对自身的教学行为和课堂教学中存在的问题进行深入细致的观察、讨论和反思，以更新自身教育理念和提升教育教学技艺。

二、开展地理课堂观察实践改变了传统的听评课方式

课堂观察是指研究者带着明确的目的，凭借自身感官和有关辅助工具（观察表、录音、录像设备等）直接（或间接）从课堂上收集资料，并依据资料做相应的分析研究。课堂观察强调耳听、眼观、心感、脑思、手记等，多种感官被调动起来用以收集课堂信息，"传统听课"主要指向声音。

"传统听课"由于"听课"者身份的不同，目的也不一样。领导听课往往是为了"评价"某位教师上课好与不好，或用于分辨教师之间的差别等；对于一线教师而言，听课目标多样化，有的关注教师教的行为，有的关注知识的逻辑演绎，但研究的意识相对薄弱；专家、学者听课主要目的是研究，在评价时也能更真切地认识和把握观察对象，超越对象，深入对话，所以，专家的"听课"行为与课堂观察相似。

"传统评课"是对课的好坏下结论、做判断，属于水平性的评价和选拔性的评价。"课堂观察"可以赋予好坏评价和等第判定的功能，但是，课堂观察者与评课者都处于平等地位。

"传统评课"过程形式化、内容碎片化、结论极端化。传统评课过程一般

是先由授课者谈谈教学设计的思路、上课感受等，然后是自由发言，最后是主持人或权威人士做总结。传统评课缺乏明确而集中的关注焦点，你说东，我说西，各扯一套，缺乏对问题的深入研究，只能就现象谈现象，就经验谈经验，这种碎片化和表面化的评课，对上课及评课教师的触动不大，帮助也不多。

传统评课容易走两个极端。一是虚假、讲好话的评课方式；二是否定为主、伤害自尊的评课方式。这两种方式都走了极端，都是缺乏诚意的表现。

"课堂观察"后的评课有主题、有分工、有"证据"，能通过现象剖析本质，评价客观。

三、开展地理课堂观察实践带动了区域地理教师的成长

本课题的开展，是在韶关市教育局教研室教研员李文老师的关心和帮助下进行的。课题组与校内外高中地理教师积极合作，开展高中地理课堂观察活动九次，分布在韶关市市区的各类高中学校，都是这些学校精心组织的市级公开课。通过开展课堂观察活动，辐射带动了市区各类学校各个年级约300人次地理教师参与课堂观察活动，使得市区高中地理教师根据课堂观察采集的信息，在定性和定量分析的基础上，反思教学行为，并作为自己今后教学改进的参照，形成了"观察——反思——改进"的活动链条，促进了教育教学理念更新，提升了自身的教育教学技艺。

另外，在李文老师的要求下，在韶关市市区初中地理教研活动中，也要求本课题组指导参与课堂观察活动，辐射带动市区各类初中学校各个年级约100人次地理教师参与，促进了初中地理教师教育教学理念的更新，改变了初中地理教师的听评课方式。

四、开展地理课堂观察实践开发了一批地理课堂观察量表

本课题的开展，开发了一批地理课堂观察量表，总结了开发地理课堂观察量表的基本原则、途径和一般流程，为以后开展地理课堂观察实践提供了可借鉴的操作。

五、开展地理课堂观察实践探索了地理主题观察活动的基本流程

本课题的开展，探索了地理主题观察活动的基本流程，即确定观察课

题——开发观察量表——课前确定观察点——进入观察现场——课后会议推论建议——撰写观察报告。

六、开展地理课堂观察实践今后的设想

本课题的开展，虽然取得了一些实践成果，但由于课题组成员理论水平有限，实践经验欠缺，技术装备缺少，尚有很多需要进一步研究的地方。

例如目前公认的行之有效的课堂教学行为观察技术——弗兰德互动分析体系，本课题研究中还没有使用。开展地理课堂观察的关键是观察量表的制订，这还有待于深入研究。在课堂观察中怎样突出地理学科特点，也是将来关注的焦点。课堂观察如何进行"研究共同体"建设，也有待进一步探讨，等等。课堂观察实践研究是一项长远的工程，不能一蹴而就，我们将继续前行。

研究论文

附录一

高中地理课堂教学目标表述中
存在的问题与矫正

李玉钧

地理教学目标是对地理教学目的所作的具体、准确的描述，是教学活动结束后的学生学习行为与结果的预期。教学目标的确定，可以为执教者选择教材内容、手段方法和科学评价教学结果提供相关依据，也可以为学习者提供明确的学习方向。笔者有幸担任2014年韶关市教研室举办的教学设计比赛评委，在评比活动中发现，很多教师对课堂三维教学目标的理解和认识，存在着一定的偏差，在课堂教学目标表述上存在着一些问题。

案例一："城市化过程对地理环境的影响"的教学目标

1. 知识与技能

（1）了解城市化过程对自然地理环境及人文地理环境的影响，掌握城市环境问题。

（2）了解我国城市发展趋势，明确我国今后城市发展方向。

2. 过程与方法

以乡土地理案例为切入口，结合自身的生活经历，来探究城市化与我们生活的密切联系；通过小组讨论与案例教学，分析城市化过程中常见环境问题的产生原因与治理措施；结合实例，综合评判我国城市发展的合理趋势。

3. 情感态度和价值观

（1）通过小组合作探究活动，认识人类与环境协调发展的辩证关系，树立正确的人地观。在调查研究过程中，激发探究地理问题的兴趣和动机，关注家乡城市化的发展，培养学生热爱家乡、建设家乡的热情。

（2）分析当前城市化中的一些不良倾向，树立正确的城市发展观。

案例二："水循环"的教学目标

1.知识与技能

（1）了解水循环的过程和主要环节。

（2）理解水循环的地理意义。

2.过程与方法

（1）运用图解方法正确表示出水循环的全过程，培养学生的动手能力、地理空间思维能力、形象思维能力和综合分析加工地理信息的能力。

（2）通过学习水循环，用简练的语言表述水循环的过程及意义，培养学生综合分析问题的能力，并培养学生理论联系实际的能力。

3.情感、态度与价值观

（1）通过水循环的学习，使学生能够结合生活实际，解释生活中的实际问题，用科学的理念、发展的观点指导个人行为。

（2）使学生增强水资源的忧患意识，树立科学的资源观，养成节约用水的习惯。

任何学科的构成总是包含了知识、方法、价值这样三个层面的要素。其一，构成该学科的基础知识和基本概念的体系；其二，该学科的基础知识和基本概念体系背后的思考方式与行为方式；其三，该思考方式与行为方式背后的情感、态度和价值观。从案例一和二的表述来看，存在以下问题：

问题一：知识与技能表述大量使用"状态动词"

了解、理解、掌握、明确等，属于描述学生心理状态的"状态动词"，不仅难以观察，而且难以检测。因为不同的人对"了解、理解、掌握、明确"等有不同的认识与评判，这样对教学目标是否达成就难以检测和衡量。

矫正：多使用可检测的具体的"行为动词"。我国传统的教学实践一般把学习水平分为三级水平（由布卢姆认知目标分类简化而来），即"了解、理解和应用"。但这些状态动词一般比较抽象、笼统、不具体，不易测量与评价，但可用于模块教学目标或单元教学目标，课堂教学目标或学习目标的表述应具体、可操作、易测量。如"了解"水平的可使用"说出、辨认、列举、复述"等具体的行为动词表述；"理解"水平的可使用"说明、解释、概述、归纳、整理、推断"等行为动词表述；"应用"水平的可使用"设计、辨析、撰写、计划、推广"等表述，更具有操作性且易反馈。

上述案例中的知识与技能目标，可表述为"举例说明城市化对地理环境（自然环境、生态环境和社会环境）影响……""说出自然界中水体的分类，简述各种水体之间的关系，……简述水循环的概念和类型"。

问题二：把"过程与方法"当作教或学的"过程与方法"

认知主义学习论认为，"过程与方法"指认知过程与认知方法，认知的核心是思维，思维的过程和方法，而非教或学的"过程与方法"。高中地理课程目标中的"过程"，主要是指学生学习地理的过程，包括地理知识的学习过程、地理原理和规律的应用过程，地理技能和实践能力的形成过程，以及地理观念和地理情感的形成、体验和内化过程等。高中地理课程目标中的"方法"，主要是指学生学习地理的方法，包括图表分析法、综合分析法、区域比较法、地理观察法、地理实验法、地理调查法等。案例一中"以乡土地理案例为切入口……通过小组讨论与案例教学……"主要是教师教的过程与方法。

矫正："过程与方法"目标可以通过设置合适的行为条件或行为动词来设计和表述，常见的、能够较好体现或隐含"过程与方法"的行为动词有"运用资料（图表、地图）说明（归纳、说出、概括）""运用示意图说明（分析、说出）""结合（运用）实例分析（说明）""绘制示意图，举例说明（以……为例分析、以……为例简述）""联系……概述""列表比较"等。

其中，绘制示意图、举例说明、列表比较，既是一种学习过程，也是一种重要而有效的学习方法。上述案例中的过程与方法目标，可表述为"收集整理相关信息和资料，说明我国城市化过程中产生问题的原因与治理措施""运用示意图说明不同类型水循环的过程和主要环节""结合示意图和相关数据，说明水循环对水资源更新的意义"等。

问题三："情感、态度与价值观"抽象、泛化

三维目标中的"情感、态度与价值观"是镶嵌在"知识与技能"及其形成过程中的。"通过小组合作探究活动，认识人类与环境协调发展的辩证关系，树立正确的人地观。在调查研究过程中，激发探究地理问题的兴趣和动机，关注家乡城市化的发展，培养学生热爱家乡、建设家乡的热情""使学生增强水资源的忧患意识，树立科学的资源观，养成节约用水的习惯"等，这些目标本身并没有错，但问题在于脱离了具体的知识与技能，未能透视、离析出

知识与技能形成中所蕴含的情感、态度与价值观。

矫正："情感态度与价值观"目标的设计与表述，应根据课程标准的要求，结合教学内容和地理学科特点，以及校情和学情，突出重点，把握关键，避免面面俱到或流于形式，通常使用诺曼·格朗伦的内部过程与外显行为相结合的目标陈述法（简称为内外结合法）。这种方法先用描述内部心理过程的术语或短语，陈述概括性教学目标，然后列举一些反映这些内在变化的、可观察的行为做例子，使这个目标具体化。

案例一的"情感、态度与价值观"目标可表述为下表的形式。

情感、态度与价值观表

概括性目标	具体行为
收集整理相关信息和资料，说明我国城市化过程中产生问题的原因与治理措施，增强环保意识	（1）能说出我国城市化过程中产生的问题有哪些 （2）能针对城市化的具体问题，说出治理措施 （3）对教师提供的当地城市出现的一些现象或问题，能指出这些现象或问题产生的原因并做出评述 （4）能针对当地城市化过程的某一具体现象或问题，说出个人的感受和做法

问题四：教学目标表述行为主体混乱，指向不明

比如，"通过学习水循环，用简练的语言表述水循环的过程及意义，培养学生综合分析问题的能力及培养学生理论联系实际的能力"这条目标中，前一句行为主体是学生，后一句行为主体是教师。

矫正：教学目标就是预期教学结束时所应达成的学习结果或终点行为，是根据课程标准、教材和学生的实际而制定的，是对学生学习终结行为的具体描述。教学目标对教师来说是教授目标，对学生来说是学习目标，表现为教师教学活动所引起的学生终结性行为的变化，或者说，它着眼于教而落脚于学。在教学目标表述用词时，更倾向于"学习目标"，反映的是学生通过学习达到的结果，目的是要使每位学生清楚地知道自己的学习目标是什么。

问题五：教学目标表述缺少学习结果的具体要求

教学目标的制定过于笼统、过于空泛，以至教师在教学过程中难以把握和落实，自觉或不自觉地偏离教学目标，不知道要达到什么结果，最终成为"一纸空文"。

矫正：在教学目标的表述中，要说明学生学习结果应达到的程度，包括熟练程度、准确程度、完整程度等。

案例二可表述为："高一年级学生能绘制水循环示意图，简述水循环的概念和类型，运用示意图说明不同类型水循环的过程和主要环节（名称、途径或成因），准确率达90%。"

这样的教学目标表述，清晰地向学生传达了教师对学习的具体要求，使学生有计划地学习，也便于评价教学结果。当然，实际表述时"高一年级学生"可省略。

问题六：误把教育目标或课程目标当作课堂教学目标

教育目标是由国务院或教育行政部门根据我国国情制定的对于教育主体所希望达成的结果的设定，即教育活动所要培养人才的总的质量标准和规格的要求。课程目标是一定教育价值观（教育目标）在课程领域的具体化，主要描述某一学科在某一具体学段课程设置所要达到的目标，或称学科课程目标。

教学目标是课程目标在学科领域的分解、细化与落实，是对学科或课程的具体内容进行教学所要达成的目标的描述，或称课堂教学目标。

上述案例中，"通过小组合作探究活动，认识人类与环境协调发展的辩证关系，树立正确的人地观……""使学生增强水资源的忧患意识，树立科学的资源观，养成节约用水的习惯"等，一节课就能"树立正确的人地观""养成节约的用水习惯"吗？这些目标，至少是课程目标，是要经过至少一个学段才可能达到的。

矫正：课堂教学目标应根据课程标准、地理学科特点、校情和学情设计，表述应具体化、可操作，因为具体明确的地理教学目标有利于目标达成的测量，如前"情感、态度与价值观"目标的表述。

（本文发表于《地理教学》，ISSN1000-078XCN31-1022/G4，2015.1）

基于地理课堂观察的教学反思——以"地球表面形态"为例

赵广博

基于课堂观察下的教学反思是指，将研究问题具体化为观察点，将课堂中连续性事件拆解为一个个时间单元，将课堂中复杂性情境拆解为一个个空间单元，透过观察点对一个个单元进行定格、扫描，搜集、描述与记录相关的详细信息，再对观察结果进行反思、分析、推论，以此改善教师的教学，促进学生的学习。

以往的反思多是凭印象进行，而基于课堂观察下的反思并不只是回顾，摆出问题，而是对课堂教学的细节进行回放、思考，是教师从不同角度对课堂教学行为进行深入分析，审视教学中的得与失，进行监控、探究、调节，从而探索出解决问题、改进教学的方法策略，从而提高反思的深度。

以必修（一）第二章第二节"地质构造与地表形态"为例，进行课堂观察反思，优化教学。

一、课堂观察视角设定

课堂是错综复杂且变化多端的，要观察到课堂发生的每一件事，是不可能的。因此，要根据自己的需求选择观察点。我们将观察的视角放在了以下三个方面：教师提问的有效性、学生活动的有效性，以及教学素材资源的有效性。

（一）提问的有效性视角

本节内容中，老师和学生需要解决的问题：什么是地质构造？什么是褶皱、断层？怎样判断背斜、向斜？对地表形态有何影响？地形倒置：背斜成谷、向斜成山的原因，以及褶皱在实际应用中有什么作用？

由此设定观察的点，教师预设了多少个问题？提出的问题指向是否明确？提出的问题是否符合地理思维及认知规律？问题呈现方式及给学生思考时间？

（二）学生活动的有效性视角

学生是课堂的主体，学生学习是课堂的主要活动。学生学习掌握如何，通过学生学习活动的观察可以进行反馈。

本节内容中共涉及活动七项，四项探究三项检测。

主要从以下几个方面进行观察：观察多少个学生？是独立思考、看课本，还是照抄资料完成？有没有学生讨论？多少学生参与讨论？时间多长？氛围、效果如何？预设几分钟、实际几分钟？任务完成多少？正确率如何？

（三）教学素材资源的有效性视角

素材资源的使用在地理上能使抽象事物具体化，更有利于学生理解，但素材选取是否恰当，使用的效果直接影响学生的学习效果。由此设定观察的点，素材的类型、情境度、知识准确度、内容契合度、呈现时间、目标指向。

二、课堂观察反馈

（一）教师提问的有效性反馈

1. 问题指向清晰

教师一共提出了17个问题。其中，无效问题有7个，均是问学生是否理解，听没听懂，剩下的10个问题指向明确，学生能通过教师的问题给出应答。

2. 提问的思维层次

提出的问题有低思维的知识识记。例如，什么是背斜、向斜？也有层次略高的思考水平分析探究型的问题，如为何岩石会有分层现象？岩层为何变得弯曲？局部地形剖面不完整或者受外力侵蚀岩层分布不连续，那我们还可以用什么方法去判断呢？分析背斜成谷、向斜成山的原因？符合学生的学习认知规律，由浅入深，先由一般情况背斜、向斜形成的地表形态到特殊背斜成谷、向斜成山的分析。但是，这些问题主要集中在学生探究活动中。

3. 呈现方式及思考时间

教师的问题除了无效问题，其他均是口头描述，再在课件上展示问题，让学生能更清楚问题的指向，前三个问题没有思考时间，老师问完个别学生就已经回答，内容就过了，探究活动的问题，思考时间比较充裕，学生基本能完成教师的提问。但在检测部分，时间过短，表现在平均两分钟时间，特别是检测二、三，在观察到的同学中，有1/3的同学是不能完成老师布置的问题的。

（二）学生活动的有效性反馈

本节的7个活动环节

环节一	探究一：根据背斜、向斜概念，可知存在岩层形态的差异
环节二	【课堂检测1】：说出背斜和向斜
环节三	探究二：根据背斜、向斜弯曲的方向不一致，可推出水平面上岩层的新老关系不一致
环节四	【课堂检测2.1】
环节五	探究三：地形倒置：背斜成谷、向斜成山的原因
环节六	【课堂检测2.2】
环节七	探究四：读储油、储气构造示意图，假如你是一位地质工程师，请解决以下问题

1. 从学生课堂表现看

每一个环节，学生总体能做到认真倾听，独立思考，但也有人在独自看书。

2. 学生参与度看

在观察的15人中，学生参与度高，第一个环节，学生都有认真倾听，并做笔记。第二个环节，14人能做出正确答案，另有一个人未参与。第二到第六环节，大部分学生针对老师的问题进行讨论。特别是在三、五环节，学生都能针对老师抛出的问题进行积极讨论，探讨答案。

3. 从时间上看

二、三、四环节与预设时间基本一致，由于学生对地质构造和地表形态的概念理解不到位，耽误了时间，故一环节超出预设时间四分钟。第五、六环节，时间预设不够，学生在第五、六环节探讨时间不充分。第七环节，时间超出预设时间五分钟。

4. 从任务完成情况看

前四个环节，学生基本完成了教师布置的任务。后三个环节、因时间、题目难度等原因，观察的十五人中有七人是不能全部做完，并且有九人是答案不全面，还包括有三人是不能得出答案的。

（三）教学素材资源的有效性反馈

1. 素材类型和来源

素材有图片、动画、文字三种类型，图片素材来自于学生拍摄和网络图

片，素材直观，有利于其他学生接受信息。

2. 素材情境度

素材的选取源于生活，情境契合度高，更能满足学生的学习探究欲望。

3. 素材知识准确度与内容契合度及呈现时间和目标指向

从学生素材选取的知识准确度来看，材料知识均是正确的，素材为芙蓉山的向斜，褶皱的动画与本节课内容契合度非常紧密。题目素材契合度也比较高，每解决一个问题，即有题目素材进行知识巩固。

素材呈现有引入的呈现，有概念讲解中的呈现，也是巩固过程中呈现的题目素材。时间恰当，目标指向明确。但存在引入素材利用不充分的情况。

三、课堂观察反思

通过课堂观察及反馈分析，反思本节课的成功之处和有待完善改进之处有以下几个方面：

（一）成功之处

1. 导入生活化利于激趣

从身边芙蓉山的案例入手，有利于激发学生的学习兴趣。同时，让学生认识到地理学习就在自己身边，生活中处处有地理，学习地理可以终身受用，符合新课程理念。

芙蓉山国家矿山公园

2. 学生主体地位显著

整节课以学生为主体，学生参与到活动中，老师发挥了良好的引导作用，基本体现和完成了教学设计的理念和各项目标。通过情境设置，引导学生发现问题；通过探究，让学生成为探讨问题的主角；通过启发和讨论，引导学生自主学习，培养学生的地理思维能力，通过多媒体的辅导，让学生理解并掌握褶皱的相关知识。

3. 教学过程完整

知识讲授准确，条理清楚，板书规范。

（二）完善改进之处

1. 导入资源未充分利用

身边的实例导入后，并没有在后续讲解中充分利用这一资源。可以在讲解完后，再由学生判读这是背斜还是向斜，在讲地形倒置时也可以拿出来，这里的向斜山就是地形倒置，说明原因。

2. 设问的进一步优化

一是减少无效问题，二是设问要由浅入深，设置问题链。如对于地形倒置的分析，可以先提示学生看一下原来的地形是怎样的，现在发生了怎样的变化，再提示，发生变化是受内力还是外力的影响，外力又是通过哪一种表现来影响的？

3. 课堂检测过频

每讲完一个知识点设有一个课堂检测，时间比较紧，完全可以利用导入资源进行巩固，或者在最后设置一道大题，把所要检测的内容设置成题。这样有足够的时间让学生进行探究活动。

4. 探究活动有待进一步完善

设置活动要精要，不需要一节课搞多个探究。这样，时间安排不合理，不能保质保量地完成探究活动。如这一节主要设置两个探究即可，一个是地形倒置原因探究，一个是工程运用探究。同时，给学生适当预留完善答案的时间，保障学生的探究时间，也能保障任务完成的质量。

5. 课堂调控能力有待提高

无效的问题应适当减少，每一个环节时间的调控有待进一步提高。对学生解题的引导要研究深入，怎样层层推进，培养学生的地理学习思维。

对于我们每一位老师如何让地理课堂成为主阵地，值得我们每一个人深思，让我们通过课堂观察使我们的反思更具有有效性，从而不断提升自已的专业素养。

（本文作者为课题组成员，发表于《广东教学》，CN44-0702/F，广东教学报社出版，2017.11.27）

附录二

教研活动

"高中地理课堂观察的实践研究"
成果影响证明材料

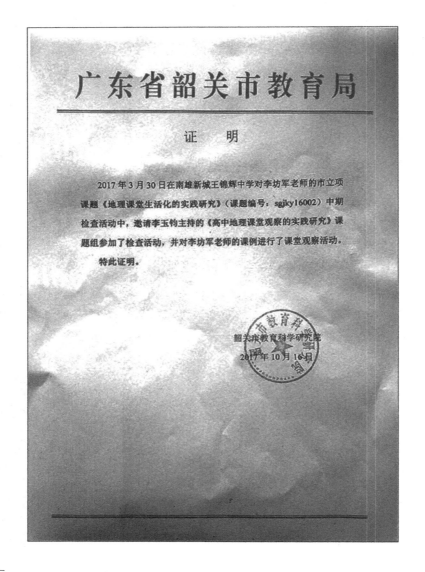

广东省韶关市教育局

证　明

　　2017 年 3 月 30 日在南雄新城王锦辉中学对李坊军老师的市立项课题《地理课堂生活化的实践研究》（课题编号：sgjky16002）中期检查活动中，邀请李玉钧主持的《高中地理课堂观察的实践研究》课题组参加了检查活动，并对李坊军老师的课例进行了课堂观察活动。

　　特此证明。

韶关市教育科学研究院
2017 年 10 月 16 日

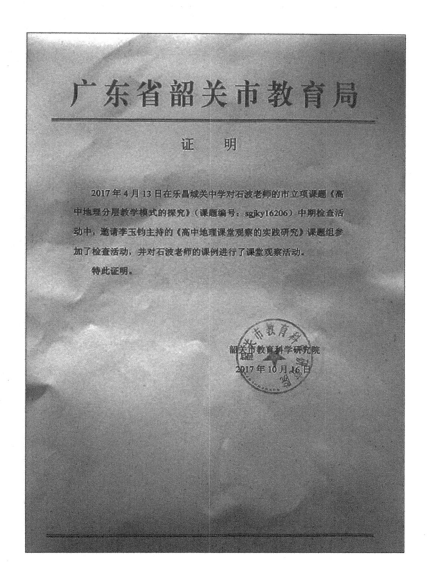

广东省韶关市教育局

证　明

2017年4月13日在乐昌城关中学对石波老师的市立项课题《高中地理分层教学模式的探究》（课题编号：sgjky16206）中期检查活动中，邀请李玉钧主持的《高中地理课堂观察的实践研究》课题组参加了检查活动，并对石波老师的课例进行了课堂观察活动。

特此证明。

韶关市教育科学研究院
2017年10月16日

广东省韶关市教育局

证　明

　　2017年5月11日在广东北江中学对赵广博老师的市立项课题《学生参与式的高中地理教学资源开发研究》（课题编号：sgjky16045）中期检查活动中，邀请李玉钧主持的《高中地理课堂观察的实践研究》课题组参加了检查活动，并对赵广博老师的课例进行了课堂观察活动。

　　特此证明。

韶关市教育科学研究院

2017年10月16日

广东省韶关市教育局

证　明

　　2017 年 6 月 8 日在韶关市第十中学对刘燕群老师的市立项课题《初中地理教学中提高学生自主学习能力的研究》（课题编号：sgjky16143）中期检查活动中，邀请李玉钧主持的《高中地理课堂观察的实践研究》课题组参加了检查活动，并对刘燕群老师的课例进行了课堂观察活动。

　　特此证明。

韶关市教育科学研究院

2017 年 10 月 日

2015年韶关市高二地理教研活动在
田家炳中学圆满举行

　　2015年4月9日（星期四）上午，我市高二地理教研活动在韶关市田家炳中学举行，本次教研活动分现场说课、授课和评课三个部分，有北江中学、韶关市第一中学、市实验学校、韶关市第二中学、仁化县第一中学、南雄中学、韶关市田家炳中学等学校20多名教师参加。

　　说课环节，市田中韩丹老师就本节课的教学目标、重难点、教学过程及各部分的设计意图做了生动全面的介绍。各听课教师分四组，分别就"学习目标的达成""学生出现错误教师的反应""学习活动的有效性""教师预设问题的有效性"进行充分的酝酿和讨论，并就量表进行了明确的分工和相应任务要求。

　　授课环节，授课教师深入浅出、形式多样地展示教学内容，学生学习兴趣高昂，教学效果良好。听课教师带着任务深入学生，充分地了解学生的学习情况并认真地记录课堂点滴。

　　评课环节，听课教师就评价量表的每个内容进行充分研讨，每个人都充分发表自己的意见，讨论热烈，小组长汇总成员意见并有针对性地做了总结性汇报。最后，市地理教研员李文老师做了总结发言，对本次教研活动的各个环节给予了充分的肯定和表扬，并对今后的教研活动提出了希望。

韩丹老师说课

参加观摩活动的教师交流课堂观察情况

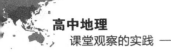

韶关市高中地理"翻转课堂"教学专题研讨活动在市五中圆满完成

2015年4月30日上午，我市高中地理教学"翻转课堂"教学专题研讨活动在韶关市第五中学举行。本次教研活动主题为"翻转课堂"教学设计、实施与教学效果评价。分说课、授课和评课三部分。市直各学校高一年级地理教师共20余人参加。

说课环节，市五中肖艳老师首先介绍了"翻转课堂"这一新的教学模式。然后，就本节课教学目标的设计及依据、学生基本情况、教学重难点等做了全面的介绍。各听课教师分三组即"教师对学生回答问题情况的课堂处理""课堂教学时间的分配合理性观察""教师对课堂教学中学生错误的指导"进行充分的讨论，明确各自的观察任务。

授课环节中，肖艳老师颠覆了传统教学模式，在课前布置学习任务给学生完成并收集，归纳分析学生存在的疑点，并将其展示出来供学生讨论。整节课学生积极参与讨论，探究各个疑点，学生主体地位得到充分的体现，课堂气氛非常活跃，教学效果良好。听课教师坐在学生旁边，认真观察学生表现并做了细致的记录。

评课环节中，各小组老师积极发言进行研讨，小组长汇集成员的意见，并代表小组做了小结性的汇报。最后，市地理教研员李文老师做了总结发言，对本次教研活动给予了充分的肯定和表扬，并希望各位老师在今后的教学实践中尝试"翻转课堂"这一新的教学模式。

学生小组讨论学习

肖老师在了解学生小组学习情况

教师课堂观察小组代表发言

韶关市教育局教研室在乐昌市城关
中学开展地理学科教研活动

　　近日，韶关市教育局教研室在乐昌市城关中学开展地理学科课题研究中期汇报及课例展示活动。韶关教研室高中地理教研员李文老师主持活动，韶关市区及兄弟县、市学校地理教师20人莅临指导，乐昌高中、部分初中共选派地理老师26人参加了学习。

　　课题研究是推进课堂改革、提高教学质量、提升教师专业素质的重要途径。如何把课题做扎实，如何在教学中实践课题研究项目，如何监控课题研究过程的实效，一直是课题研究管理过程中的难点问题。这次活动是以城关中学石波老师的韶关市立项课题"高中地理分层教学模式的探究"为例，探究解决这些问题。

　　首先，石波老师向与会教师简单汇报了课题研究的缘起、目的、原则、方法，重点讲述了研究过程的收获，也提出了研究中碰到的困难。李文老师和韶关的专家对石波老师研究工作的认真扎实给予了充分肯定，有针对性的解答了石波老师的疑惑。

　　接着，石波老师在高二实验班上了一节课题研究展示课"能源资源的开发"（第一课时）。按照课题研究设计，实验班学生根据学业情况分成A、B、C三个学习小组，课堂教学设计分层次提出不同的学习目标和学习任务。授课过程中，石波老师鼓励学生积极思维、合作探究，自主完成各自学习任务，A、B组学生还可以挑战C组学习任务，形成学习竞赛。石波老师适时点拨总结，让不同层次的学生都有学习收获，达到因材施教的目的。

　　听课老师对应组成三个课堂观察小组，详细记录学生的学习情况，真实反映课堂效果，客观发现存在的问题。

　　课后，在城关中学会议室，与会老师就石波老师的课题研究中期情况展开了热烈讨论。三个课堂观察小组分别汇报了A、B、C三个学生学习小组的课堂表现和教学任务完成情况。李文老师和韶关的专家表扬了年轻教师积极钻研的精神，分析了石波老师课题研究的可行性，对分层教学的效果给予了充分肯定，对以后的研究工作提出了建设性的意见。

　　这次活动达到了探讨提高课题研究质量的目的，对于提高课题研究过程中的实效性，起到了很好的示范指导作用。

石波老师汇报

课堂观察交流

附录三

观察量表

吴江林等主编的《课堂观察LICC模式课例集》第86页的观察量表（物理学科）。

教师提问（实录）	学生回答方式					教师理答方式					问题本身				
	思考时间	无应答	齐答	个别答	汇报	代答	不理	重复	鼓励	追问	层次			指向	
											识记	分析	评价	清晰	模糊
线速度大小方向有何特点?	无			√					√		√			√	
合外力的方向及合外力的作用效果如何?	无		√					√			√			√	
做匀速圆周运动的向心力的概念，有何特别?	无		√					√			√			√	
向心力的来源?	5s		√							√	√			√	
向心力的大小与哪些因素有关?	60s			√					√			√		√	
速度改变量是哪个?	无		√					√			√			√	
$a=?$	无		√					√			√			√	
圆锥摆受到几个力作用?	3s			√						√	√			√	
高度h，时间T如何测量?	10s				√					√	√			√	
变速圆周运动的向心力?	30s				√				√			√		√	
变速圆周运动的向心力来源分析?	6s	√								√		√		√	
小球碰到钉子时线速度会不会变？为什么?	10s			√						√		√		√	
为什么钉子越靠近小球，绳就越易断?	10s									√		√		√	

续　表

教师提问（实录）	学生回答方式					教师理答方式					问题本身				
	思考时间	无应答	齐答	个别答	汇报	代答	不理	重复	鼓励	追问	层次			指向	
											识记	分析	评价	清晰	模糊
小球在运动过程中所受的合力指向圆心吗？	无		√							√		√		√	
什么力提供做身心力？	5s			√					√			√		√	

　　吴江林等主编的《课堂观察LICC模式课例集》第166～167页的观察量表（历史学科）。

素材名称	素材类型	素材来源	生动性			科学性		简约性		目的性		
			新颖度	趣味度	情境度	知识准确度	内容契合度	学情适合度	使用数量	整合方式	呈现时间	目标指向	利用方式
铁犁牛耕与战国图	图片	课内	B	B	B	A	A	A	A	A	A	A	简单呈现
火烧马厩	文字	课外	A	A	A	A	A	A	A	A	A	A	问题探究
季氏违礼	文字	课外	A	A	B	B	A	A	A	A	A	A	问题探究
苛政猛于虎	文字	课外	B	B	A	B	A	A	A	A	A	A	问题探究
君舟民水	文字	课外	A	A	A	A	A	A	A	A	A	A	简单呈现
道德经	文字	课内	A	A	A	A	A	A	A	A	A	A	简单呈现
孔子问道	文字	课外	A	A	A	A	A	A	A	A	A	B	教师讲解
治大国如烹小鲜	图片	课外	A	A	A	A	A	A	A	A	A	A	教师讲解
庄周梦蝶	图片	课外	B	A	A	A	A	A	A	A	A	A	教师讲解
守株待兔	图片	课外	B	A	A	A	A	A	A	A	A	A	教师讲解

参 考 文 献

[1] 沈毅，崔允漷.课堂观察 [M].上海：华东师范大学出版社，2008.

[2] 吴江林，林荣凑，俞小平.课堂观察LICC模式课例集 [M].上海：华东师范大学出版社，2013.

[3] 莫雷.教育心理学 [M].广州：广东高等教育出版社，2005.

[4] 宋广文，魏淑华.论教师专业发展 [J].教育研究，2005（7）：71-74.

[5] 崔允漷，沈毅，吴江林.课堂观察Ⅱ：走向专业的听评课 [M].上海：华东师范大学出版社，2010.

[6] 夏雪梅.以学习为中心的课堂观察 [M].北京：教育科学出版社，2012.

[7] 王陆，张敏霞.课堂观察方法与技术 [M].北京：北京师范大学出版社，2012.

[8] 郑金洲，陈瑶.课堂观察指导 [M].北京：教育科学出版社，2002.

[9] 孔凡哲，梁红梅.课堂教学观察、诊断与评价 [M].长春：东北师范大学出版社，2014.

[10] 孙剑飞.课堂观察手把手 [M].福州：福建教育出版社，2013.

[11] 林高明.课堂观察——顿悟的艺术 [M].福州：福建教育出版社，2008.

[12] 曾小妍.新课堂有效学习策略研究 [M].上海：上海社会科学院出版社，2013.

[13] 郭春喜，戴申卫，王公月.传统听评课与课堂观察的差异辨析——以"江苏省高中地理课堂观察观摩活动"为例 [J].中学地理教学参考，2012（12）：61-64.

[14] 吴君.地理课堂观察：专业的听评课范式 [J].地理教学，2011（13）.

[15] 温逸林.量表：课堂教学观察的有效媒介 [J].中学地理教学参考，2010（12）：52-56.

[16] 陈文魁.基于师生交流的地理课堂观察实践 [J].地理教育，2009

（5）：70.

［17］王跃华.对"课堂观察"课例研究方式的几点思考［J］.宁夏教育，
2008（11）：50.

［18］沈正元.什么是课堂观察［J］.学校管理，2010（1）：21-24.

［19］陈芳.课堂观察——研究课堂的金钥匙［J］.江苏教育研究，2010
（5）：78.

［20］杨志文.课堂观察——促进教师转变教学方式的有效抓手［J］.中学数
学月刊，2009（10）：54-55.

［21］吴江林.课堂观察LICC模式课例集［M］.上海：华东师范大学出版社，
2013.

［22］王跃华.对"课堂观察"课例研究方式的几点思考［J］.宁夏教育，
2008（11）：33-34.

［23］陈文魁.基于师生交流的地理课堂观察实践［J］.地理教育，2009
（5）：74-75.

［24］李家清.中学地理教学设计与案例研究［M］.北京：科学出版社，
2012：117.

［25］李润洲.三维教学目标表述的偏差与矫正［J］.课程·教材·教法，
2014（5）：79.

［26］陈亚川.基于新课程理念的教学目标设置与陈述［J］.中学地理教学参
考，2014（6）：37.

［27］吴金财.高中地理"过程与方法"目标及其设计、实施与评价［J］.地
理教学，2011（22）：13.

［28］吴金财.高中地理"情感态度与价值观"目标及其设计、实施与评价
［J］.地理教学，2012（14）：28.

［29］教学目标的含义及特点.［EB/OL］.百度文库.

［30］阳利平.厘清教学目标设计的三个基本问题［J］.课程·教材·教法，
2014（5）：86.

致 谢

　　本课题的开展，得到了学校的支持，同事的帮助，特别是韶关市教育研究院李文老师的关心和帮助，理论上她悉心指导，实践中提供观察案例，操作中提出中肯建议，使课题研究能够顺利进行，在此表示诚挚的谢意！感谢课题组的林叶水、赵广博和曹国辉老师，是他们参与课题研究，一起探讨、一起实践、一起反思，使课题研究能够有效实施。还要感谢在开展课堂观察中的兄弟学校的老师，市二中刘艳菊老师、市田中罗琼老师、市一中罗艳老师、市五中李友明老师、曲仁中学黄晓林老师，是他们提供了课例，才有我们的观察平台，还有这些学校的其他地理教师，在此不一一列举他们的名字，正是他们参与课堂观察，才使本课题的开展更有意义。最后，还要感谢广东省教育研究院的施美彬老师、韶关学院旅游与地理学院的田广增教授和许树辉副教授、韶关市教育科学研究院的钟华副院长，是他们在课题研究总结时，给予悉心指导和提出中肯建议，使课题研究成果总结能够再上一个台阶，在此也表示诚挚的谢意！

李玉钧